卡斯蒂利亚的田野
马查多诗选

Antonio Machado

Campos de Castilla

[西班牙]安东尼奥·马查多 / 著 赵振江 / 译

外语教学与研究出版社
北京

雅众文化 出品

目 录

道路

II　卡斯蒂利亚的田野（1912）

Ⅲ 新歌集（1917—1930）

译者序

马查多的生平与创作

20 世纪，西班牙的诗坛色彩纷呈，人才辈出，号称“又一个黄金世纪”[1]。

1898 年爆发的美西战争使西班牙君主制度的弊端暴露无遗，海外殖民地几乎丧失殆尽，彻底失去了往日的“辉煌”。对祖国的前途和命运的忧虑，激发了年轻一代的作家。他们主张引进欧洲的先进思想，决心使自己的国家在文学上得到振兴，后人称他们为“九八年一代”。安东尼奥 · 马查多（1875—1939）就是“九八年一代”，也是西班牙 20 世纪最有影响的诗人之一。

1 “黄金世纪”(1500—1681) 是西班牙文学光辉灿烂的时代，塞万提斯、洛佩 · 德 · 维加、贡戈拉、克维多等文学巨匠都属于这个时代。“二七年一代”诗人、皇家学院院长达马索 · 阿隆索在自己的著作中称 20 世纪是“又一个黄金世纪”。——本书注释均为译者注

20 世纪早期的西班牙诗歌受到以鲁文·达里奥为代表的现代主义的影响，追求语汇的和谐与美感，在内容上将艺术与生活、美好与实用熔为一炉。然而伟大的诗人不会一味地模仿，多是博采众长而又独树一帜。后来现代主义内部果然出现了对自身的质疑。马查多的风格简洁明快，乌纳穆诺[1]的作品朴实直观，胡安·拉蒙·希梅内斯主张创作“袒露”的“纯粹诗歌”，这些都是很好的证明。

马查多是西班牙“九八年一代”杰出的抒情诗人和剧作家。谈到他的生平与创作，人们便会自然而然地想到他为自己描绘的《肖像》：

我的童年是对塞维利亚一个院落
和一个明亮果园的记忆，柠檬在果园里成熟；
我的青春，卡斯蒂利亚土地上的二十年；
我的历史，有些情况我不愿回顾。

我不是骗人的诱惑者[2]也不是唐璜式的人物；
——你们已经熟悉我笨拙的着装——；

1　米格尔·德·乌纳穆诺（1864—1936），西班牙“九八年一代”诗人、作家，曾两度当选萨拉曼卡大学校长。

2　原文中的伯拉多明是巴列－因克兰小说中的人物，贫穷、貌丑的天主教徒，但多风流韵事。

但是丘比特向我射了一箭
我便爱那些女性，只要她们有适宜居住的地方。

我的诗句从平静的泉水涌出，
可我的血管里有雅各宾派的血在流淌；
我不仅是一个善于运用自己学说之人，
而且从美好的意义上讲，我很善良。

我崇尚美，在现代美学中
我采摘龙萨[1]的果园中古老的玫瑰；
然而我不喜欢目前时兴的梳妆
也不是那种追求新奇啼鸣的鸟类。

我看不起空洞的男高音的浪漫曲，
也看不起蟋蟀在月光下的合唱。
在众多的声音中，我只听一个声音，
我会停下脚步，区分原声与回响。

我是古典的还是浪漫的？我不知道。

1　龙萨（1524—1585），法国文艺复兴时期七星诗社中的主要诗人。他在法国诗坛的地位，在雨果之前无人能比。

我愿像将军留下他的剑一样留下自己的诗行：
不是因铸剑之人的工艺高超方受人尊重
而是因舞剑之手的强劲有力才威名远扬。

我与那个总和我在一起的人交谈
——自言自语等候着向上帝倾诉的那一天；
我的自言自语是与这位好友探讨
他曾将博爱的诀窍向我秘传。

最后，我不欠你们什么；可我的全部写作
你们都未曾偿还。我奔赴我的工作，
用我的钱支付穿的衣服、住的房间、
吃的面包和铺的床垫。

当那最后的旅行到来的时候，
当那一去不复返的船儿起航，
你们会在船舷上发现我带着轻便的行装，
几乎赤身裸体，像大海的儿子一样。

——《卡斯蒂利亚的田野》

安东尼奥·马查多于1875年7月26日出生在安达卢西亚的首府塞维利亚，并在那里度过了自己的童年。他的祖父是一位德高望重的知识分子，1883年受聘为马德里中央大学教授。同年，他便随全家迁往首都。他出身于名副其实的书香门第，父亲是一位民俗学学者。他的家庭具有明显的自由主义思想倾向。

安东尼奥·马查多于1899和1902年先后赴法国旅行，并见到了拉丁美洲现代主义大师鲁文·达里奥，两人结下了深厚的友谊。在此期间，他又结识了乌纳穆诺、巴列－因克兰、胡安·拉蒙·希梅内斯等人。1907至1912年在索里亚中学任法语教师。1909年与莱昂诺尔[1]结婚。1911年赴法兰西学院进修。1912年，妻子的去世使他痛不欲生，在心灵深处给他留下了难以摆脱的阴影。后来（1912—1919）他又在巴埃萨任法语教授。1919至1931在塞哥维亚人民大学任职。1927年，他成为西班牙皇家语言学院院士。后又在马德里任中学教授。1936年，西班牙内战爆发，他站在共和国一边，谴责法西斯暴行，歌颂人民的斗争，后跟随著名的共和国第五团转移至巴伦西亚。1938年4月去巴塞罗那，1939年1月流亡法国，同年2月22日在科利乌尔病逝。

马查多的诗歌创作可分为四个阶段。第一阶段是1899至

1 诗人已故的妻子。

1902年：这时的创作受鲁文· 达里奥的影响，具有明显的现代主义特征，代表作是1903年发表的《孤独》。第二阶段是1903至1907年：作者逐渐摆脱了现代主义的影响，确立了与纯粹浪漫主义的联系，代表作是《孤独、长廊及其他诗篇》（1907）。第三阶段是1907至1912年：诗人关注政治生活，抒发内心情感，体现了“九八年一代”的社会理想，代表作是《卡斯蒂利亚的田野》（1912），以赤裸和深沉的风格描绘卡斯蒂利亚严酷的自然景色，表现其坚韧不拔的精神。在这部诗集中，不时出现的“她”，都是他的亡妻莱昂诺尔的化身。诗人铭心刻骨的爱情着实令人感动。第四阶段是1913至1939年：诗人转向了哲理诗的创作，显示出深刻的存在主义观点，代表作是《新歌》（1924）和《诗歌全集》（1928）。此外，他还与其兄曼努埃尔合作创作了一些诗剧。后者也是诗人和剧作家，但在内战时期却站在了法西斯一方。

安东尼奥·马查多前期创作的灵感主要来源于大地、天空、河流、山脉、对亲人的缅怀和对祖国的热爱。在这部分诗作里，他对卡斯蒂利亚自然风光的描写，可以说是到了出神入化的境界，情景交融，感人至深。而在他的后期创作里，诗人转向了对哲理的挖掘和探索，多有人生感悟的抒发。

诗如其人。安东尼奥·马查多的诗歌，既没有绚丽的辞藻，也没有出奇的意象，似平淡无味，却有嚼头。平易中见深邃，

朴实中见真情。表面的平实蕴藏着深邃的内涵，正如《肖像》中所说，他的诗句从平静的泉水涌出，他的血管里却流淌着雅各宾派的血。他从不赶时髦，追时尚，而是一步一个脚印地走自己的路。他认定“地上本无路，路是人走出”（见《箴言与歌谣》第 29 首）。这两句诗不禁令人想起鲁迅先生的小说《故乡》，两位文坛巨匠的思想何其相似！诗人的语言简洁、明快，没有精心的雕琢和多余的夸饰，更显字字珠玑和大家风范。诗人自己说，他的诗“既不是坚硬永恒的大理石，也不是音乐和画卷，而是刻在时间上的语言”。读过他的诗作之后，一定会得出“此言不谬”的结论。

I

孤独、长廊及其他诗篇
（1899—1907）

孤独

二

我走过多少道路，
开辟过多少小径，
在上百处海岸停泊，
在上百个海洋航行。

到处都能看见
凄凄惨惨的行人，
高傲、忧伤、
脸色阴沉的醉汉。

学究们注视着壁毯，
若有所思，默默无言，
他们精明，因为
不理睬酒吧的杯盏。

恶劣的行人
会将大地糟践……
而我随处可见

人们在跳舞或赌钱，
当他们有能力承担
便把那巴掌大的土地照看。

他们每到一处
从不问是什么地方。
行路时，他们
骑在那老骡的背上。

即便是在节日里
也不晓得匆忙。
有酒就喝酒；
没酒，凉水也一样。

他们都很和善，
度日，劳作，梦幻，
待到那如同往常的一天
便在地下长眠。

三

广场，火红的橘树
欢快的硕果挂满枝头。

成群的孩子，
簇拥着走出学校，
昏暗广场的空气中
回荡着稚嫩的叫声。

死一般城市的角落，
洋溢着童年的欢笑……
我们昨天的场景，
依然游荡在古老的街道。

五 童年记忆

冬日，阴冷的下午，
暗淡无光。孩子们
在课堂上。雨点
杂乱地敲打着玻璃窗。

孩子们正在上课。
挂图上是逃亡的该隐[1]，
死去的亚伯，
身旁有一滴鲜红的血痕。

老师是衣着褴褛的老者，
一本书拿在手上。
干瘦却声若洪钟，
雷鸣一般响亮。

简直是童声合唱团
将课本反复诵念：
一千乘一百等于十万；
一千乘一千等于百万。

冬日，阴冷的下午，
暗淡无光。孩子们

1　该隐是亚当和夏娃的长子，亚伯之兄。该隐种地，亚伯牧羊。耶和华看中了亚伯和他的供物，而没看中该隐及其供物，后者心生嫉妒，把弟弟杀死。

在课堂上。雨点
杂乱地敲打着玻璃窗。

六

夏日明亮的下午，困倦
而又悲伤。黑色的常春藤
布满灰尘，探出公园的围墙……
　　　　　　　泉水在歌唱。

钥匙吱吱呀呀，在古老的栅门上；
生锈的铁门伴随着刺耳的声音
打开，当它重又关上，与死一般
下午的寂静发生了沉重的碰撞。

在孤独的公园，水流那响亮、
奔腾的歌谣将我引到泉旁。
泉水将自己的单调
倾泻在洁白的大理石上。

泉水唱道："哥，我现在的歌声
是不是让你想起了遥远的梦幻？
一个缓慢的下午，在一个缓慢的夏天。"

我回答泉水："妹啊，我想不起；
可我知道，你现在的歌声很遥远。"

"就是这样的下午：恰似今天
我的水将自己的单调倾泻在大理石上。
哥，你可记得？……你所见的
身后的爱神木，使你听到的清澈的歌声
暗淡无光。成熟的果实，
像火焰一样鲜红，在枝头摇晃。
哥，你可记得？……就是在夏天
在这样缓慢的下午，像现在一样。"

"泉水妹妹，我不知你的歌谣要对我说什么，
它是那么快乐，带着遥远的梦想。

我知道你快乐清澈的泉水
曾将树上那红色的果实品尝；
我知道我的苦涩是遥远的，
在古老夏日的傍晚沉醉于梦乡。

我知道你美丽的会唱歌的明镜
曾将爱情古老的痴迷模仿：
可是告诉我，语言迷人的泉水，
请告诉我那快乐的神话，它已被人遗忘。”

“我不知道古老快乐的神话，
我知道的故事，陈旧而又悲伤。

那是缓慢夏季的一个明亮的下午……，
哥，你独自前来，带着你的凄凉；
你的双唇吻了我平静的水，
并在那明亮的下午倾诉了你的忧伤。
你燃烧的双唇倾诉了你的忧伤；
它们此时的渴望也就是那时的渴望。”

“永别了，响亮的泉水，
在昏睡的公园里永久地歌唱。
永别了；泉水啊，你的单调
比我的忧伤更加凄凉。”

我的钥匙吱吱呀呀，在古老的栅门上；
生锈的铁门伴随着刺耳的声音
打开，当它重又关上，在死一般
下午的寂静中发出了沉闷的声响。

七

憔悴的柠檬树将苍白
布满灰尘的枝条
悬在清泉的魅力上，
金色的果实
在泉底进入梦乡……

明媚的傍晚

近乎春光，

三月温和的傍晚，
沐浴着临近四月的气息；
我独自一人，在寂静的院中，
寻觅古老而又天真的憧憬：
有的影子映在白墙，有的记忆
留在沉睡喷泉的石栏上，
或者，在空气中
有轻盈的外衣在飘荡。

傍晚的氛围
洋溢着那无形的芳香
她对光辉的灵魂说：永不，
却对心灵说：有望。

那馨香在唤醒
贞节和死去的芬芳的幽灵。

是的，我记得你，明媚、欢愉的傍晚，
近乎春光。

在没有鲜花的傍晚，
你给我带来
薄荷和罗勒的馨香，
那是母亲的花盆中常有的芬芳。

你见过我把纯洁的双手
浸入平静的水中，
去触摸那些迷人的果实，
而今天它们却在泉底畅游梦乡。

是的，我认识你，明媚、欢愉的傍晚，
近乎春光。

十

小巷的迷宫
通向冷漠的广场。
一边， 是破落的教堂
阴暗而又古老的高墙，
另一边，柏树和棕榈的果园

发白的土墙，

面前，是家，

家里，栅栏，围着玻璃窗，

隐约可见她恬静、微笑的脸庞。

我会走开。不愿

叫你的窗……春天

来了——她洁白的衣裙

在沉寂的广场飘荡；

她来点燃你玫瑰园里的花……

我想见到她。

十一

我梦着

傍晚的道路。

碧绿的松林，金黄的山冈，

灰尘笼罩在圣栎树上！……

路通向何方？

小路上的行人啊，

我在歌唱……

——黄昏在垂下幕帐——。

“一根激情的芒刺

在我心中；

一天我将它拔除，

便失去了心灵。”

一时间整个田野

沉思，昏暗，

悄无声响。风声

在河边的白杨中回荡。

傍晚更加昏暗；

道路蜿蜒

泛着微弱的白色

消失在朦胧间。

我重又悲哀地歌唱：

“金黄的芒刺啊，

谁会感觉到你

刺在自己的心上。”

十二

亲爱的，微风谈论着
你洁白的衣裳……
我的眼睛看不见你；
我的心却将你盼望！

风儿在清晨，为我
带来了你的名字；
山坡重复着
你脚步的回响……
我的眼睛看不见你；
我的心却将你盼望！

钟声不停地回荡
在阴暗的塔楼上……
我的眼睛看不见你；
我的心却将你盼望！

锤子的敲击
诉说着黑色的棺木；
锄头的敲击，
埋葬你的地方……
我的眼睛看不见你；
我的心却将你盼望！

十三

夏天的太阳
走向光辉的西方，
像火烧云中巨大的圆号，
在河畔翠绿的杨树林后面躲藏。

榆树上，蝉在无休止地鸣叫，
欢快而又枯燥的韵调
介于金属与木头的声响，
这是夏天的歌谣。

在阴暗的果园，

昏睡的水车转动着水罐，
深暗的枝条下听得见水的声响。
七月的傍晚，晴朗而又尘土飞扬。

我开拓自己的路，
沉浸在田野上黄昏的孤独。

我想：“美丽的傍晚，巨大诗琴的音阶，
所有的随意与和谐；
美丽的傍晚，在这阴暗、空虚、
思念的角落，你能医治可怜的忧郁！”

泛着涟漪的河水流过桥洞，
远处，城市已入梦乡，
像被金光闪闪的神奇灯罩遮住一样。
清澈的水在石拱下流淌。

火红的晚霞在为一座座小山加冕，
山上点缀着黑色的橡树和灰色的橄榄。

我疲惫地走着，昔日的苦闷
压抑在心间。

阴暗中，
河水多么伤感，
从拱桥下流过，仿佛在说：

“游人啊，可怜的小船
刚刚从岸边的树上解开缆绳，
有人唱道：我们无足轻重。
在可怜河流的尽头，茫茫大海在将我们久等。[1]”

阴郁的河水流过桥洞。
（我想：啊，我的魂灵！）

傍晚，我驻足片刻，
冥思苦想……

---

1 在西班牙诗歌传统中，“我们的生命是河流 / 流向海洋 / 而大海是死亡”。见豪尔赫·曼里克的《悼亡父谣》。

风中的水滴究竟是何物，
它在向大海呼喊：我是海洋？

鹡翅的歌声响彻田野
使空气嗡嗡地振动，
仿佛在播种
无数的金铃。

一颗钻石般的明星
闪耀在蓝色的天空。
热风吹过
使道路变得朦胧。

尘土飞扬的傍晚，
我返回城。昏睡的水车
吱吱作响。在昏暗的树枝下
只闻哗哗的水声。

十五

街道在阴影中。高大破旧的民房遮住
正在逝去的太阳；阳台上有着光的回响。

在花团锦簇的迷人的看台上，你没看见，
那张熟悉的、粉红色椭圆的面庞？

在映像变形的玻璃后面，那形象
时隐时现，同古老的银版照片一样。

落日的反光渐渐消逝；
街道上只有你脚步的声响。

苦闷啊！沉重而又心痛。难道是她？
不可能……是星星……运行在碧空。

十六

你总逃避，又总在

我身旁，黑色头巾
岂能将苍白面容
那不屑的神情隐藏。我不知
你要去哪里，夜晚也不知
你贞洁的美去何处寻觅新房。
不知怎样的梦能合上你的双眼，
不知谁将躺在你多情的枕旁。

*

请停下，请停下啊，
孤傲的美人
我愿将你双唇苦涩的
苦涩的花瓣亲吻。

十九

一个个翠绿的花园，
一座座明亮的广场，
碧绿的清泉

水在那里梦想，
无声的水
滑落在石头上！……

九月的风
亲吻金合欢
枯萎的、近似
黑色的叶片，
吹走一些
发黄的枯叶，
嬉戏在
白色的灰尘之间。

漂亮的小姑娘
你将清澈的河水
盛满水罐，
看见我时，
没有不经意地
用黝黑的手

掠起黑色的发髻，
然后，也没有
对着明净的玻璃
欣赏自己……

你只是一边
将清澈的河水盛满水罐，
一边注视着
美丽傍晚的苍天。

道路

一 前奏

今天，当神圣爱情的影子经过，我要
在古老的乐谱架上放一曲甜蜜的赞歌。
当渴望四月短笛芬芳
我将回忆起肃穆的管风琴的音响。

秋天的苹果将洋溢成熟的清香；
没药和焚香将自己的气味歌唱；
在鲜花盛开的果园平静的阴影里
玫瑰将散发清爽的芬芳。

对于音乐和芳香低沉而又缓慢的和谐，
我独特、古老而又高尚的祈祷的理智
会提高鸽子温柔的飞翔
而白色的诺言会升到神坛上。

二

时钟敲着十二响……那是锄头
在土地上的十二次拍打……

“这是我的时刻！”我喊道。
寂静回答我：“不必害怕；
你不会看见那最后一个
在时漏上颤抖的水滴落下。

在古老的河岸
你还要睡很长的时间，
但在一个纯净的早晨
你会发现自己的小船
拴在另一个河岸。”

四

在道路赤裸的土地上
开出花样的时光，
从背阴弯道上低洼的山谷，
长出孤独的山楂树。

声音微弱的真正的赞美诗
今日重归于心，

破碎、颤抖的话语
重归于唇。

我昔日的大海已进入梦乡；
贫瘠的海滩上，涛声不再响亮。
在密布的乌云中
暴风雨走向远方。

天空平静如常，
守护的微风又在田野
播撒芬芳，你的身影
在幸运的孤独中荡漾。

五

太阳像一个火球，月亮
像紫红色的唱盘一样。

一只白鸽栖息
在高高的百年古柏上。

方方正正的爱神木的树苗
恰似灰糊糊干枯的绒毛。

花园和宁静的傍晚！……
水流响彻大理石的喷泉。

六

长袍微弱的声息
飘过贫瘠土地！……
一口口古老的钟
流出响亮的泪滴！

天边临终的火炭
冒着青烟……
家里白色的幽灵
要将星星点燃。

“打开阳台。
幻想的时刻在降临……”

时钟已入梦，
傍晚已经睡稳。

七

衣衫褴褛的乞丐
在大理石的台阶上：
每日，门廊里
最卑微也最遥远的形象！

可怜的人们啊，
涂抹着永恒的圣油，
从破旧的披肩和斗篷下
露出她们的双手！

明亮、寒冷的早晨
在最平静的时刻，
清醒的幻想
可从你们的身旁经过？……

黑色的长袍下
她的手是白色的玫瑰花……

八

傍晚仍将为你的祈祷
送来黄金的香气，
新的一天的苍穹
或许会缩小你孤独的身影。

但是你的节日不在遥远的海外，
而在舒缓的河边的寺院；
你的凉鞋不会踏在困倦的平原，
而将走上令人烦恼的沙滩。

朝圣者啊，一路上
你不在乎客栈的甘露
和路边的阴凉；
朝圣者啊，你梦中神圣、翠绿、
繁花盛开的土地，就在不远的前方。

九

我们想在爱情中
创造爱的欢乐，
在无人践踏的山冈
点燃新的芬芳，

并保留我们
白皙面容的秘密，
因为在生命的酒神节上，
酒杯空空荡荡，

当金黄的葡萄汁在欢笑
伴随着水晶和泡沫的回响。

*

隐藏在孤独的公园
树丛中的一只鸟
发出嘲弄的嘶鸣……

我们在杯中

榨取梦的朦胧……

还有，那是我们肌肤上的土地，

感觉到花园的潮湿像甜言蜜语。

十

孤独而又可爱的少女啊，

有一种神秘燃烧在你的眼睛。

我不知你黑色箭囊

射出的光芒是仇恨还是爱情。

你将与我同行，我的身体

会投下阴影，沙粒会留在鞋中。

“你是我旅途中的干渴还是清泉？”

告诉我，孤独而又纯贞的伙伴。

十三

黑色的柏树后面
紫色黄昏的火炭在冒烟……
昏暗中的街心广场上有一眼喷泉
和它长着翅膀、赤裸的石雕的爱神，
在默默地做梦。大理石的池里
一潭死水在那里栖息。

十四

亲爱的……可还记得
那些稚嫩的灯芯草，
憔悴，枯黄，
生长在干涸的渠道？

你可记得，
枯萎的虞美人，
田野黝黑的发梢
被炎夏炙烤？

可记得，早晨，
僵硬、恭顺的太阳，
颤抖着将光的碎片
洒在冰冻的大地上？

十五

一个春天的黎明曾告诉我：
“我曾在你忧郁的心中盛开，
好多年了，年迈的行人，
不把路边的花儿采摘。

你忧郁的心，难道还保留着
我昔日百合那昔日的芬芳？
我的玫瑰可还在将你钻石般的梦中
那仙女洁白的额头熏香？”

我这样回答清晨：
“我的梦里只有水晶。
我不认识梦中的仙女，

也不知花儿是否开在心中。

但是如果你保留着纯洁的清晨，
她一定会将水晶的杯子打破。
仙女或许将你的玫瑰给你；
送给我的心的是你的百合。”

十六

一天，我们坐在小路旁。
我们的生命是时间，仅有的不幸
是我们在等候时绝望的姿势……
她总是如约而至。

十七

那是一个年轻的形体
一天，到我们家里。
我们问她：
“为何重回故居？”
她打开窗，整个田野进来

沐浴着阳光和芬芳。
树干已变成黑色
在白色的小路上；
树冠的叶子
是绿色的烟云，梦在远方。
白色的晨雾中，
宽阔的河流像湖泊一样。
另一种幻想
漫步在连绵的山冈。

十八

噢，友好的夜晚，年迈的情人，
请告诉我，你带来了我梦中的画卷，
它总是那么孤寂，那么荒无人烟，
只有我的幽灵，
我可怜、悲伤的阴影，
游荡在骄阳似火的草原，
要么就是梦见苦难
在所有神秘的声音中间，

多年的情人，如果知道，请告诉我，
我流出的眼泪是不是我的？
夜晚回答说：
“你从未向我袒露你的秘密。
亲爱的，我从不知道
你梦中的魂灵是否就是你本人。
也不曾弄清他的声音
是你的还是荒唐小丑的声音。”

我对夜晚说：“撒谎的爱人，
你知道我的秘密；
你见过那深邃的洞穴，
我的梦在那里制造自己的水晶。
你知道我的眼泪是我的，
你明白我的痛，我古老的苦痛。”

夜晚说：“噢，我不知道。亲爱的，
我不知道你的秘密，
虽然我见过你所说的痛苦的魂灵

游荡在你的梦中。
当灵魂哭泣的时候我靠近他们，
倾听他们内心的祈祷，
卑微而孤独，
被你称作真正的赞美诗的祈祷；
但是在灵魂的深层，
我不知道啼哭是原声还是回声。”

为了倾听从你口中说出的抱怨，
我寻找你，在你的梦中，
我在那里看见
你游荡在镜子模糊的迷宫。

幽默，幻影，笔记

（伟大的创造）

一 水车

傍晚垂下幕帐
弥漫着灰尘和忧伤。

水车缓缓地转动，
水花水斗里飞扬，
将自己平凡的歌
吟唱。

可怜的老骡！
阴影在水中作响，
伴随阴影的节奏
在畅游梦乡。

傍晚垂下幕帐
弥漫着灰尘和忧伤。

我不知哪位诗人
神圣而又高尚，

将梦想之水
甜蜜的和谐
融入了
永恒之轮的苦涩，
并蒙住你的双眼，
啊，可怜的老骡！……

但我知道是一位诗人
高尚而又神圣，
他有一颗阴影与科学
成熟的心灵。

九 噩梦

广场一片昏暗；
白昼在死亡。
遥远的钟声作响。

玻璃的阳台和窗

用奄奄一息的反射
闪烁着光芒，
像发白的骨头
和模糊的骷髅一样。

整个傍晚
闪着噩梦的光。
夕阳西下。
我的脚步在回响。
“是你吗？久等了……”
“我要找的人和你不一样”。

长廊

一 导言

在一个晴朗的日子
读着可爱的诗句
我看见，在自己梦中
深刻的镜子里

一个神圣的真理
在颤抖，是由于恐惧，
就像一朵花儿
想把自己的芬芳向风抛去。

诗人的灵魂
向着神秘。
只有诗人能够观察
灵魂中远处
洋溢着浑浊
和魔幻旋律的事物。

在记忆

没有尽头的长廊，
可怜的人们
挂起节日盛装，
破败而又陈旧
像战利品一样。
诗人在那里
会注视梦中
金色的蜜蜂
那永恒的劳动。

在残酷的战斗
或安静的果园中，
诗人们用灵魂
关注深邃的天空。

我们用昔日的痛苦
酿制新鲜的蜂蜜，
耐心地缝制

洁白的圣衣，
沐浴着阳光
将坚硬的铁甲擦亮。

没有梦想的灵魂，
敌对的明镜，
用粗糙的轮廓
将我们的形象投映。

我们感到
胸中的热血沸腾，
过去吧……我们微笑着，
重新开始劳动。

五 童年的梦

节日晚上
皎洁的月亮，
我的梦想，
欢乐的时光

——我的灵魂是月光
今日雾霭迷茫
那时我的头发
尚未乌黑闪亮——

最年轻的仙女
将我抱在怀中
带我到沸腾的广场
那是欢乐的海洋。

彩灯光辉灿烂
宛如火星四溅，
爱情在编织
舞蹈缤纷的彩线。

在那节日的晚上
沐浴着皎洁的月亮，
那是我的梦想
我快乐的时光，

最年轻的仙女
吻我的前额不断
挥动美丽的手
向我说再见……

所有的玫瑰
都会使芬芳飘散，
任何爱恋
都会有情窦初绽。

七

假如是一位殷勤的诗人，
我会唱一首清纯的歌
像洁白大理石上的泉水一样
晶莹，献给你们的眼睛。

在一个水的诗节中
整首歌会是这样：

“我知道你们的明眸
闪耀着宁静美好的光芒，
它们不会回答我的眼睛，
不发问而只是观赏，
有一天我在母亲的双臂中
见过这鲜花世界的美好之光。”

八

天空晴朗，带着素馨的芳香，
风儿扣响我的心房。

——我要你的玫瑰所有的芬芳，
作为对这馨香的报偿。

——我没有玫瑰；
我的花园里已经没有花朵：它们都已死亡。

——我将带走泪水的源泉，
枯黄的叶片和凋残的花瓣。

风逃走了…… 我的心在流血……
灵魂啊，你把自己可怜的花园变成了什么？

九

如今你将徒劳地
为痛苦寻找慰藉。

你的仙女们
使你无法编织美梦。
清泉默不作声，
花园一片凋零。
如今只剩下泪水。
不许哭，安静！

十二

多么可爱的房子啊，
她曾在那里居住
在一堆废墟的瓦砾上，
木制的框架已呈黑色

并遭虫蛀，这表明
它没有受到应有的保护。

明月在窗上闪着银光，
并将它倾泻在梦想。
衣着寒酸而又凄凉
我走在老街上。

十三

在傍晚苍白的画布前，
阴沉的教堂高耸，
钟楼宽阔，
塔楼直刺苍穹，
钟在轻柔地摆动。

那颗星
是晴空的一滴泪。
一朵缥缈的白云，
像松散的羊绒，

在那颗明亮的星下浮动。

十五

我，就像阿那克里翁[1]，
我愿歌唱，欢笑，
并愿将明智的痛苦
和沉重的劝告抛向风中。

尤其想大醉一场
你们知道……多么荒唐！
纯粹对死的信仰，可怜的欢畅
和恐怖的舞蹈，胜似时光。

十七

消沉、混乱、灰色的傍晚，
就像我的心灵；
习以为常的自我怀疑症

1 阿那克里翁（约公元前582—约公元前485），古希腊抒情诗人。其歌颂爱情和美酒的诗篇对后来的诗人有较大的影响。

在由来已久的痛苦中。

我不知道也无从了解
这痛苦的根源；
但是我回忆，回忆着说："是的；
那时我是男孩，而你，是我的女伴。"

*

这不是真的，痛苦，我认识你；
你是对幸福生活的记忆，
是阴暗心灵、是没有失事者
和星星的船只的孤寂。

如同路上一只被人遗忘、
没有踪迹、没有嗅觉、
没有出路的丧家犬，
像一个孩子，在节日的夜晚

迷失在人群中间，
空气中尘土飞扬，
烛花飞溅，音乐和痛苦
使他的心惊恐不堪

我就是这样，醉酒，忧伤，
疯癫的吉他手，诗人，
可怜的梦中人，
总在迷雾中将上帝找寻。

十八

魔幻世界要和你一起死去？
记忆在那里保存着
初恋白色的影子，
生命最纯洁的气息，

直通你内心的声音，
你想在梦中留住的手臂，
以及所有的爱情

从心灵一直延伸到天际。

在你的新秩序里，旧的生命
新的世界都要和你一起死去？
难道你灵魂的炉膛和铁砧
只是为了风和灰尘？

十九

大地一片赤裸，
灵魂向着苍白的地平线呼号
如同饿狼。你在寻找什么，
诗人啊，在这日落时刻？

艰苦的跋涉，心中的路
沉重。冰冷的风，
降临的夜，远方的痛！……
在白色的路上

几棵僵硬的树木变成了黑色；

远方的山上有黄金和鲜血……
太阳死了…… 你在寻找什么，
诗人啊，在这日落时刻？

二十 田野

傍晚在消逝
好像简陋的灶在熄灭。

在那里，山峦间，
剩下几块火炭。

白色路上的树折了
使人同情地啼哭。

两根枝条长在受伤的树干，
枝条上有黑色枯萎的叶片！

你在哭泣？……远处，
金黄的杨树林里，爱的影子在等你。

二十五

春天温柔地
亲吻着树林，
碧芽初绽
像一片绿烟。

白云朵朵
掠过青春的田野……
叶片
我看到四月的春雨绵绵。

我在杏树下想到——
树上花枝招展，
对没有爱情的青春
我发过诅咒的怨言。

如今人到中年，
思考再三……
青春啊，未曾体验，

谁会在梦中再将你挂牵!

二十六

昨天
我的痛苦
如同蚕在作业;
今天已化作黑色的蝴蝶。

我从多少苦涩的花中
将白色的蜂蜡酿成!
时间啊,我的痛
像勤劳的蜜蜂!

今天像燕麦在发疯,
或杂草在萌生,
像麦穗上的疾病,
木材上的蛀虫。

时间啊,我那时的痛

淌着美好的泪，
像水车正在浇灌
果园的水！
今天已是激流湍急
将淤泥卷起。

昨天，痛苦
将我的心灵变了成蜂房，
今天却把它
当作古老的城墙：
想迅速地，用镐
将它推倒。

二十七 再生

灵魂的长廊……灵魂姑娘！
她那微笑的清澈之光；
短小的历史
和新生的欢畅……

啊，再生，前行，
重拾迷失的小径！

在我们的手中重新感受
母亲善良的手在搏动……
它牵着我们，它的爱
使我们行走在梦中。

*

在我们的灵魂中
一切都被神秘的手驾驭。
我们对自己的灵魂一无所知，
它们不可思议，默默无语。

智者最深沉的话语
教会我们
刮风时的呼啸，
或流水时的声音。

三十

树木还保持着
绿色的树冠，
但只剩消沉的绿色
和枝叶的枯干。

泉水
在粗糙的岩石上
静静地滑行
嫩绿将它遮笼。

风卷起一些
发黄的叶片。
傍晚的风
掠过阴暗的地面！

杂录

四 世俗的歌谣

昨天的诗人，今天变成了
过时的哲学家，可怜而又伤心，
我在今天的铜币上
找到昨天变化了的黄金。

既无快乐也无运气，
我的青春，第一个青春
像幻想一样逝去……
她绝无仅有；
表里如一。

我的青春多么可爱，
浓烈而又放荡，
充满民歌与美酒，
像旋风一样。

今天
我望着记忆的长廊，

将昨日忧伤的哀歌——
哈利路亚[1]吟唱。

再见了，歌唱的泪，
你们曾快乐地流淌，
像纯净的水
在清泉上回响！

青春的爱情
汇成美好的泪滴，
像新鲜的雨露
洒在四月的田里！

一个平静的晚上
夜莺已不再歌唱；
我们从爱的痛苦中痊愈
它哭泣而不忧伤。

1 “哈利路亚”是欢呼语，对上帝的赞美词。

昨天的诗人，今天变成了
过时的哲学家，可怜而又伤心，
在今天的铜币上
找到昨天变化了的黄金。

五 冬天的太阳

中午。公园。
冬天。白色的小道；
匀称的山包
干枯的枝条。

暖棚
橘树在盆中，
棕榈，种在
绘成绿色的木桶。

一位老人说道——
对他的外衣：
“太阳，多么美丽！……”

孩子们在嬉戏。

泉水
滑动，流淌，憧憬
舔着发绿的岩石，
几乎默不作声。

II

卡斯蒂利亚的田野（1912）

一 肖像

我的童年是对塞维利亚一个院落
和一个明亮果园的记忆，柠檬在果园里成熟；
我的青春，卡斯蒂利亚土地上的二十年；
我的历史，有些情况我不愿回顾。

我不是骗人的诱惑者也不是唐璜式的人物；
——你们已经熟悉我笨拙的着装——；
但是丘比特向我射了一箭
我便爱那些女性，只要她们有适宜居住的地方。

我的诗句从平静的泉水涌出，
可我的血管里有雅各宾派的血在流淌；
我不仅是一个善于运用自己学说之人，
而且从美好的意义上讲，我很善良。

我崇尚美，在现代美学中

我采摘龙萨[1]的果园中古老的玫瑰；
然而我不喜欢目前时兴的梳妆
也不是那种追求新奇啼鸣的鸟类。

我看不起空洞的男高音的浪漫曲，
也看不起蟋蟀在月光下的合唱。
在众多的声音中，我只听一个声音，
我会停下脚步，区分原声与回响。

我是古典的还是浪漫的？我不知道。
我愿像将军留下他的剑一样留下自己的诗行：
不是因铸剑之人的工艺高超方受人尊重
而是因舞剑之手的强劲有力才威名远扬。

我与那个总和我在一起的人交谈
——自言自语等候着向上帝倾诉的那一天；
我的自言自语是与这位好友探讨
他曾将博爱的诀窍向我秘传。

1　见本书第 3 页译者注。

最后，我不欠你们什么；可我的全部写作
你们都未曾偿还。我奔赴我的工作，
用我的钱支付穿的衣服、住的房间、
吃的面包和铺的床垫。

当那最后的旅行到来的时候，
当那一去不复返的船儿起航，
你们会在船舷上发现我带着轻便的行装，
几乎赤身裸体，像大海的儿子一样。

二 在杜埃罗河畔

七月中旬。这是美好的一天。
我，独自一人，沿着岩石的裂缝，
慢慢地，寻找阴影的转弯。
时而停下，擦擦额头的汗
缓和一下胸中的气喘；
或者，加快步伐，屈身向前，
向右转，疲惫不堪，拄着
或许是牧羊人遗落的手杖，

攀登高空猛禽盘踞的山峦，
脚下是味道浓烈的野草
——鼠尾草、薰衣草、迷迭香、百里香。
火红的太阳照耀在贫瘠的农田。

一只秃鹫威武地展开宽阔的翅膀
独自穿越纯净、蔚蓝的天空。
我望见，远方，一座圆形的山坡宛似盾牌
和一座高耸、陡峭的山峰，
紫色的丘陵分布在棕褐色的大地
——古老的铠甲成了碎片——
杜埃罗河在光秃的山峦中转折，
像一张环绕索里亚的弯弓。
——索里亚像一座碉堡， 它那
卡斯蒂利亚塔楼面向着阿拉贡。
我看见昏暗的山峦封闭着地平线，
橡树和圣栎树覆盖着群峰；
裸露的峭壁中，一小块草地
绵羊在那里吃草，公牛跪在那里

反刍，在夏天明朗的阳光下，
河岸炫耀着绿色的杨树，悄然无声，
远处的行人，多么渺小！
——马车、骑手和脚夫——
正穿越大桥，在石头的桥洞下
杜埃罗河的银波越来越朦胧。

杜埃罗河穿过伊比利亚
和卡斯蒂利亚橡树的心脏。

啊，凄凉而又高尚的土地，
高原、荒野和岩石的土地，
田野上没有犁铧，没有树木和小溪；
没落的城市，街道两旁没有客栈，
惊呆的村夫，既不唱歌也不跳舞
抛却即将熄灭的炉灶，依然走在路上，
卡斯蒂利亚啊，像你漫长河流，在奔向海洋！[1]

1 让人想起豪尔赫·曼里克（1440—1498）的《悼亡父谣》中的诗句："我们的生命是河流 / 流向海洋 / 而大海是死亡"。

可悲的卡斯蒂利亚，昨天的统治者，
浑身褴褛，却蔑视一切自己不懂的东西。
等待、沉睡还是梦想？她曾有着
对剑的狂热，可记得血的流淌？
一切都在运动、奔涌、流逝、旋转；
一切都在变：海洋、高山和注视它们的目光。
过去了吗？一个将上帝置于战争之上的民族，
他的幽灵依然在田野上游荡。

昔日的母亲将船长孕育，
如今的继母只生养平庸的苦力。
卡斯蒂利亚已不再是如此慷慨的母亲，
那时熙德[1]从维瓦尔凯旋，
对自己新的命运和富足充满自豪感，
向阿方索[2]献上巴伦西亚的果园；
或者，在验证了他们果敢的冒险之后
向皇室请求去征服印第安美洲广阔的河流；

---

1 熙德，西班牙英雄史诗《熙德之歌》的主人公。
2 阿方索，指卡斯蒂利亚国王阿方索六世。

她那时是士兵、军人和首领的母亲，
她的孩子们会满载金银，返回西班牙，
乘着豪华的船只，对于狩猎，他们是秃鹫；
对于战斗，他们是雄狮。
如今在修道院喝汤的哲学家们，
无动于衷地注视辽阔的苍穹；
即使莱万特码头商人的呐喊
像遥远的呼声，进入他们的梦中，
他们也不会上前，连“怎么了？”也不会问。
可战争却已经敲开了他们的家门。

可悲的卡斯蒂利亚，昨天的统治者，
浑身褴褛，却蔑视一切自己不懂的东西。

夕阳西下。从遥远的城市
传来了悦耳的钟声
——服丧的老妇们去诵经。
山岩间窜出两只可爱的鼬鼠；
看着我，离开，逃走，重又出现，

真奇怪！……田野在变暗。
客栈开向白色的道路
开向阴沉的田野和荒凉的山岩。

五 伊比利亚人的上帝

就像歌谣中
赌输赢的弩弓手，
伊比利亚人似乎有一支箭
要射向那位毁掉麦穗
破坏秋收的上帝，
而向那位使麦粒饱满的上帝
献上赞美的歌谣
因为麦粒将成为他明天神圣的面包。

“破产的主啊
我崇拜，因为我期盼和畏惧：
我的祈祷使亵渎神明的心
倾倒在大地。

主啊，由于你，我用痛苦争取面包，
我了解你的力量，认识自己的锁铐！
啊，夏日乌云的主宰
在摧毁农田，执掌着秋天的干枯、
烧焦禾苗的炎热
和迟来的冰雹！

彩虹的主啊，
羊在碧绿的田野上吃草；
主宰着害虫对果实的啃咬
和摧毁茅屋的狂飙！

你的气息点旺灶膛的火焰，
你的光辉使金黄的谷粒饱满，
你使绿色橄榄的果核成熟，
你神圣的手将圣胡安之夜[1]点燃！

1　圣胡安节是西班牙的传统节日，在一年中白昼最长的一天。晚上，人们点篝火、放烟花以示庆贺。

主啊，你是财富和贫穷、
幸福与厄运的主宰，
献给富人恩惠和懒惰
却只给穷人带来辛苦和期待！

主啊，主啊：我看到自己
播下的种子，在一年中
反复无常的轮子里，
如同赌徒下注时的钱币！

主啊，今天是慈父，昨天鲜血淋漓，
你有仁爱与复仇的两张面孔，
我对你的祈祷、亵渎和赞美，
都在赌徒投出的色子中！”

这个在神坛诅咒上帝的人，
不再关注命运之神的眉头，
他也梦见了道路在海洋上

并说:“上帝通向死亡。”[1]

他可是那个将上帝置于
战争之上的人?他全然
不顾命运,超越大地,
也超越海洋和死神。

难道伊比利亚的橡树
不曾为上帝之火奉献美好的枝条?
难道在爱的圣火里,它不是和上帝
在纯粹火焰中一起燃烧?

但是今天……一天有什么要紧!
为了新的灶神
有干旱的草地在阴暗的树丛,
有绿色的木柴在古老的圣栎树林。

1 这句诗的原意是:“上帝是海上之路”。在西班牙诗歌传统中,“我们的生命是河流/流向海洋/而大海是死亡”。译者在此采用了“海洋”的引申意义。

长远的祖国依然在期待
向弯曲的耕犁敞开它的田地；
在铁兰、蒺藜和牛蒡中
播种上帝的谷粒。

一天有什么要紧！昨天警惕
明天，明天警惕永远；
西班牙人没有死，过去也没有死，
明天尚未书写——昨天也尚未写完！

谁见过西班牙上帝的面庞？
我的心期待着伊比利亚人
用自己强劲有力的手掌
将黑褐色土地的严肃的上帝
刻在卡斯蒂利亚的橡树上。

六 杜埃罗河[1]两岸

索里亚的春天，卑微的春天，

1　杜埃罗河，即杜罗河。

如同一个幸运者的梦幻，
一个在茫茫荒野中因疲劳
而入睡的可怜行人的梦幻。

发黄的田野，
好像农妇的粗呢，
毛绒绒布满灰尘的草场
脏兮兮的绵羊在啃着地皮！

坚硬而又寒冷的土地，
分成小块的薄田，
燕麦和小麦刚刚发芽
有一天，会将黑面包奉献！

满目乱石的荒滩
和光秃秃的山峦，
长满杂草、荆棘，
黑莓和枸杞，
老鹰在那里聚散。

卡斯蒂利亚，你的没落的城市！
啊，我不知回报的顽强的土地！
酸楚的忧伤
布满你阴沉的孤寂！

英雄的卡斯蒂利亚，严酷的土地；
藐视命运的卡斯蒂利亚，
痛苦和战争的卡斯蒂利亚，
永生的土地，死亡的卡斯蒂利亚！

傍晚，当田野在躲避太阳，
我们的行星陷入惊慌，
那时出现一个紫红色的球，
这便是诗人的情侣，美丽的月亮。

在紫灰色的天空
有一颗耀眼的明星。
空气变得朦胧
掠过我的双鬓并传来

潺潺的水声。

在铅灰色的小山之间
被啃噬的橡树林点点斑斑，
在光秃的石灰岩之间，
父亲河冲刷着
八座分水的桥墩，
犁着卡斯蒂利亚寒冷的荒原。

啊，杜埃罗河，你的河水奔流
并将永远向前
只要五月的阳光使一月的积雪
流出峡谷和山涧；
只要山峦拥有自己
暴风雪的头巾，
只要太阳的象牙号角
在闪耀，透过灰色的云团！……

那古老的谣曲
曾是你岸边游吟诗人的梦想？
杜埃罗河啊，难道卡斯蒂利亚
也会像你一样，永远流向海洋？

八 道路

是你吗，瓜达拉玛，老朋友？
银灰色的山峦，
我的马德里傍晚的山峦
我见你被绘在蓝天。

从你幽深的峡谷
从你险峻的山峰，
上千座瓜达拉玛和上千个太阳，
向着你的内心，和我一起驰骋。

巴尔萨因之路，1911 年

十三 秋天的黎明

致胡里奥·罗梅洛·德·多雷斯

一条漫长的公路
蜿蜒在灰色的山岩中，
一个普通的牧场，
黑色的公牛在吃草。黑莓，杂草，蔷薇丛。

土地湿润
沐浴着露珠，
金色的杨树林，
面向河流转弯处。

在紫色的山峦后
曙光划破长空。
猎枪扛在肩上，
猎手行走在敏捷的猎兔狗群中。

十四 火车上

无论什么旅行
我总是一身轻装，
——总是坐在
三等车厢的木椅上。
我从不在火车上睡觉，
因为如果是夜晚
我不习惯睡觉，
如果是白天
看树木向后飞跑，
我从不在火车上睡觉，
但感觉很好。
这奔向远方的欢畅！
伦敦，马德里，蓬费拉达，
多美呀……去远方。
令人厌烦的是到站。
然后，火车又开了，
总使我们产生遐想；

我们，几乎
将我们骑的瘦马遗忘。
啊，小毛驴，
认路的小毛驴！
我们在哪里？
在哪里我们都下车？
我对面是一个小修女
啊，多么漂亮！
她平静的表情
给痛苦
以无限的希望。
我想：你很善良；
因为你将爱献给了
耶稣；因为你不愿
成为罪人的母亲。
但你具有
母亲的本性，
女性中的幸运，
你是纯贞的母亲。

你亚麻帽下的面孔
有某种神圣。
你的面颊
——那些黄色的玫瑰
变成粉红，然后，
在你的胸中，燃起火焰；
今天，十字架之妻啊，
你已是光明，而且只是光明……
所有美丽的女子啊，
或许都像你一样，
封闭在修道院中！……
而我爱的姑娘，
唉！情愿
嫁给一个年轻的理发匠！
火车走啊走啊，
机器在喘气，
像野兽咳嗽一样。
我们在行进，像一道闪光！

十五 夏夜

夏天一个美丽的晚上。
古老的村庄
高大房屋的阳台
面向广阔的广场。
在这荒凉、宽敞的地方，
石头的长凳，欧洲卫矛与金合欢
在白色的沙地上
匀称地勾画着它们黑色的影像。
天上，一轮明月，
将塔楼里的钟照亮。
我，像幽灵一样，
独自徘徊在这古老的村庄。

十七 索里亚的田野

1

索里亚的土地干旱而又寒冷。
绿色的草地，灰色的丘陵，

春天掠过
光秃的山岭，
把小小白色的雏菊
留在清香的草丛。
大地尚未苏醒，田野仍在梦中。
四月伊始，蒙卡约的山脊
依然雪盖冰封；
行人将脖子和嘴巴裹在围巾里
牧人披着长长的斗篷。

2

耕耘过的土地，
好像棕褐色的布块；
果园，蜂房，墨绿色的牧场
放牧着美利奴绵羊，
铅灰色的岩石中，
播种着童年阿卡迪亚[1]快乐的梦想。
道路远方的欧洲山杨

---

1 阿卡迪亚，希腊北部的高原，又有田园牧歌之意。

挺直的树枝好像在散发烟云，
那是新长出的叶片——闪着绿光，
在山谷和沟壑的缝隙里
盛开的黑莓泛着白色
芬芳的紫罗兰含苞待放。

3

田野起伏不平，
道路时而
将骑着棕色毛驴的行人隐蔽，
时而在晚霞深处
举起村民的身影，将他们的痕迹
留在夕阳金色的画布上。
但如果你们攀上山冈
从雄鹰栖息的巅峰眺望，
眼前是胭脂和钢铁的闪光，
铅灰的平原，银白的丘陵，
被紫色的山峦环绕，装点着
一座座玫瑰色积雪覆盖的山峰。

4

田野映在天空的形象！

秋天到了，两头耕牛

缓慢地耕耘在山坡上、

在低垂的黑色头颅之间，

沉重的轭下，

挂着婴儿的摇篮——

用灯芯草和金雀花编织的小筐。

在这对牲口后面

一个男人俯身面向土地，

一个女人将种子撒在豁开的田垄上。

在火红的云下面，

在西方流动的彩霞里

他们的影子越来越长。

5

雪。在面向旷野的客栈，

柴在炉膛冒烟，

气泡在锅里回旋。

北风掠过僵硬的田野，
将寂静的雪
卷成白色的旋风。
雪落在田野和路上，
仿佛落到墓穴中。
一位老者蜷缩在火堆旁
颤抖并咳嗽；老妇人
在缠绕毛线，小姑娘
将绿色的花边缝在暗红色的布料上。
两位老人的儿子是脚夫，
正在白茫茫大地上跋涉，
一天夜里迷失路途，
山峦的积雪将他埋葬。
火堆旁有一空位，
老人紧锁眉头，
好像阴沉的铆钉
——犹如斧头留在柴上的剁口。
老妇望着田野，
似乎听到了雪上的脚步。无人走过。

邻近的公路没有人迹，
房屋周围，田野凄凄。
小姑娘在想：当绿色的草地
长出白色的雏菊，
在那蓝色和金色的日子里，
她会和别的小女孩一起跑来跑去。

6

寒冷的索里亚，纯洁的索里亚，
埃克斯特雷马杜拉的头颅，
杜埃罗河边
有废弃的碉堡；
还有它那些被侵蚀的城墙
和发黑的房屋！

领主、士兵
和猎人的死城；
上百户贵族
门上挂着族徽，

饥饿的猎兔狗，
机敏、消瘦，
夜半时分
在肮脏的街巷中
发出嚎叫
伴随着乌鸦的叫声！

寒冷的索里亚！
法庭的钟敲了一响。
索里亚，卡斯蒂利亚的城市，
沐浴着月光，多么漂亮！

7

银色的山峰，
灰色的丘陵，紫色的石滩
在索里亚周围
杜埃罗河画着弓形的曲线，
昏暗的圣栎树，粗犷的碎石，
光秃的山峦，

白色的道路，河边的杨树，
索里亚的傍晚，神秘、威武，
今天，在内心深处
我为你们感到忧伤，
爱的忧伤！索里亚的田野，
那里的岩石好像在做梦，
你们与我同行！银色的山峰，
紫色的石滩，灰色的丘陵！……

8

我又看到了金色的杨树，
在杜埃罗河边的路旁，
在圣波罗和圣萨图利奥之间，
前面是索里亚古老的城墙，
面向阿拉贡的桥头堡——
在卡斯蒂利亚的土地上。

河边的杨树，
当微风吹拂，枯叶的声响

伴随水的流淌，

情侣们将姓名的字头

和记述时间的数字

刻在树皮上。

爱情的杨树啊，

昨天你们的枝头落满夜莺；

明朝你们

将变成春天香风中的竖琴；

岸边爱情的杨树啊，

河水在流过、在梦想，

杜埃罗河畔的杨树啊，

与我同行，我会将你们记在心上！

9

啊！是的，你们与我同行，

索里亚的田野，紫色的山峰，

宁静的傍晚，河边的杨树林，

褐色泥土和灰色地面

那绿色的梦，

没落城市的酸楚，
你们已直抵我的心灵，
抑或你们本来就在它的深处？
努曼西亚高原的人们
你们心怀上帝，像古老基督徒，
但愿西班牙的太阳
使你们充满欢乐、富足和光明！

十九 致老榆树

老榆树，曾被雷击
并有一半腐烂，
四月的雨水和五月的阳光
使它又长出了一些绿色的叶片。

百年的老榆树啊
杜埃罗河舔着它所在的山岭！
发黄的苔藓斑驳了它发白的树皮，
布满灰尘的树干已被蛀空。

它将不会成为护卫道路与河岸
会唱歌的白杨，
让褐色的夜莺搭建自己的巢房。

蚂蚁的大军，将成群结队
攀缘而上，在它的胸膛里面，
挂着灰色的蛛网。

杜埃罗河的榆树啊，
樵夫将用斧子把你砍倒，
木匠将会把你做成钟槌、
大车的车干或小车的车辕；
明天，在路边
寒酸小屋的炉膛里
你会被燃烧得通红；
旋风会将你连根拔起，
银色山峦的风会将你刮断；
河水会越过山谷和悬崖，
将你推进大海，在此之前，

榆树啊，我想将你
碧绿枝叶的优雅，记录在案。
向着阳光，向着生命，
我的心也在期盼
春天新的奇迹会出现。

索里亚，1912年

二十二 路

从这摩尔人的城市，
前面是古老的城墙，
独自欣赏这宁静的傍晚，
相伴只有影子和忧伤。

沿着巴埃萨快乐的田野
河水奔流向前，
在阴暗的果园
和灰色的橄榄林之间。

红色的葡萄藤上，
叶子被染成金黄。
瓜达基维尔河，如破碎的刀片
像明镜一样闪光。

沉睡的远山
雾霭迷漫，
这雾属于母亲，属于秋天；
粗犷岩石的庞然大物
栖息在十一月温和的傍晚，
紫褐色的氛围多么友善。

风将路旁
凋零的榆树摇动，
把地上的灰尘
卷成玫瑰色的旋风。
青紫色的圆月
喘息着爬上天空。

白色的路径

在谷底和山峦中，

交叉并远去，

寻觅散落农舍的踪影，

乡间的小路啊……

啊！我再也不能与她同行！

二十三

主啊，你夺去了我的至爱。

上帝啊，请再听一听我的心声。

主啊，你的意志将我制裁。

主啊，只有大海和孤独与我同在。

二十四

希望说：总有一天

你会见到她，只要耐心地等。

绝望说：

她只是你的痛。

大地并没有吞噬一切，

跳动吧，心灵……

二十五

那边，在高原，
杜埃罗河划出弓形的曲线，
索里亚周围，
在铅灰色的山冈
和零落的圣栎林中间，
我的心在流浪，在梦乡……

你没看见吗，莱昂诺尔，河边的杨树
和它们僵硬的枝干？
请看蓝白色的蒙卡约山；
把你的手给我，让我们去散步。
沿着家乡的田野——
镶着灰蒙蒙橄榄林的花边，
我独自走着，
忧伤，衰老，疲惫，思绪万千。

二十六

我梦见你领着我
沿一条白色的小径，
在一个静谧的清晨，
在绿色田野中，
走向蓝色的山岭，
走向山峦的葱茏。

女友啊，
我感到你的手在我的手中，
你孩子般的声音
在我耳边，像一个
崭新的从未用过的银铃
回响在春天的黎明。
多么真实啊！你的声音
和你的手，在梦中……
希望啊，活着，谁知
大地吞噬了什么！

二十七

一个夏日的夜晚
——我家的阳台
和门都在敞开——
死神闯进来。
死神走近她的床前
——甚至不看我一眼——
用纤细的手指，
将一个脆弱的东西掐断。
对我沉默不语，看也不看，
死神又一次经过我面前。
你干了什么?
死神默默无言。
我的姑娘恬然，
我的心受熬煎。
哎，死神掐断的是
连接我们的那一根线!

二十八

当积雪消融，
群峰远去。
四月阳光下，
河滩又泛绿，
它闪着绿色的光，
生命，已无重量；
心灵想着一只蝴蝶，
世界的地图，并进入梦乡。
梦见开花的李树和绿色的田野，
河岸冒着淡绿色的蒸汽，
枝条上，
第一批发白的黑莓，
柔和的风
战胜了岩石和死亡，
令人窒息的煎熬
在对“她”的期盼中流淌……

三十 致何塞·玛丽亚·帕拉西奥

帕拉西奥，好朋友，
春天是不是
正在为河边与路旁
那些山杨的枝条披上新装？
在杜埃罗高原，春天总是姗姗来迟，
但当她到来时，多么温柔、漂亮！……
那些老榆树
可长出了新叶？
金合欢肯定还是光秃秃的，
山峰上还盖着积雪。
啊，那白色和玫瑰色的蒙卡约山
在阿拉贡的天空，何等的美观！
在灰色的岩石间
可有黑莓吐艳？
在细嫩的绿草地
可有白色的雏菊？

在那些钟楼里边
将会有飞来的白鹳。
在已经播种的地里，
将有棕色的骡子，绿色的麦田，
还有农夫在播种晚熟的庄稼
趁着四月的细雨。
蜜蜂将会在百里香和迷迭香上采蜜。
李树开花了吗？可还有紫罗兰？
蹑手蹑脚的猎人，
在他长长的斗篷下，
少不了石鸡的呼唤。
帕拉西奥，好朋友，河边可有了夜莺？
随着果园里第一批百合
与玫瑰竞相吐艳，
在一个蓝色的傍晚，请登上埃斯皮诺山，
登上高高的山巅，那里是她的家园……

巴埃萨，1913 年 3 月 29 日

三十一 另一次旅行

已然在哈恩[1]的原野。
天亮了。火车奔驰
在闪亮的铁轨上，
吞噬着灌木丛、大麦田、
橄榄林、小村庄、
土埂路、乱石滩、
刺蓟、草场、
阴暗的峡谷和山冈。
透过模糊的小窗，
春天的原野
转向后方。
在我乘坐的三等车厢，
天花板上闪着灯光。
白色的云团中，
镶嵌着暗红和金黄，
清晨的雾霭
逃离峡谷。

1 哈恩，与巴埃萨相邻的城市，是西班牙油橄榄的主要种植区。

我这失眠的梦乡！
这寒冷
不眠的黎明时的寒冷！……
火车在前进，
在喘气，
在回响。田野在飞翔。
对面，一位先生
睡在他的毛毯上；
还有一个修士和一个猎人
——猎犬躺在他的脚旁。
我望着自己的行李，
那破旧的口袋；
将另一次
杜埃罗大地之行回想。
昔日的另一次旅行
在卡斯蒂利亚地面，
清晨的松树
伫立在阿尔马桑和金塔纳之间！
多么快乐啊

有人相伴！
一天
死神打破了团圆！
你冰冷的手
压抑着我的心！
火车：奔驰，鸣笛，冒烟，
使车厢的队列
运转，
使心灵
和行李疲倦。
孤独，
无聊。
多么可怜，连自己都不愿
和自己在一起，
也不知是否
还会独自去游玩。

三十二 一日之诗

（乡间的思考）

我已在此，
鲜活语言的教授，
（昨天是理科教师，
夜莺的学徒）
在一个又湿又冷的村镇，
混乱而阴沉，
身边是安达卢西亚和拉曼查人。
冬天。靠近炉火。
外面细雨霏霏，
时而变成薄雾，
时而夹杂着雪花飘落。
我想起了田野，
神奇的造物主啊，
你干得不错！
降雨，你持续而又经常地
将雨水洒在麦田和蚕豆地里，

你的雨水默默无声
滴入葡萄园和橄榄林中。
小麦的播种者们
和我一起赞美你；
还有以收获油橄榄
为生的人们；
期盼好运
能吃饱饭的人们；
那些年
如同去年
将他所有的钱币
置于轮盘，置于全年
都在背叛的轮盘上的人们。
下吧，下吧；你的薄雾
会变成雨夹雪，
然后又变成细雨霏霏！
下吧，主啊；下吧，下吧！

在我的房间，

闪耀着冬日的光芒
——雨水和玻璃
过滤了灰色的傍晚——
我在思考和梦想。
被遗弃在角落的钟
泛着微光，
它的滴答声，敲击着，
重复到被人遗忘。
滴答，滴答……我听到你的声音。
滴答，滴答……总是一样，

单调而沉闷，
滴答，滴答，一颗
跳动的金属的心脏。
在这些小村里，
有人听时间的脉搏吗？没有。
在这些小村里，
人们在不停地与钟表战斗，
与度量

空虚时间的单调战斗。
但是，你的钟点是我的钟点吗？
你的时间，你的表，是我的吗？
（滴答，滴答……）一天
（滴答，滴答……）过去了，
而我的至爱，
已经被死神带走，不再回来。

远处响起
一座座钟的哀鸣……
窗上响起
雨水急促的敲击声。
神奇的农夫，
我回到自己的田野。
主啊，面包的播种者们
将怎样赞美你！
主啊，难道你的雨
不同样是耕牛在田野
国王在宫殿的法律？

啊，美好的雨水，
你在逃离时留下了生命！

你啊，一滴一滴，
从泉到泉，从河到河，
恰似这单调乏味的时间
奔向遥远的大海，
带着所有想要诞生的生命，
所有在春天的阳光下
等候绽放的花朵，
请发发慈悲吧，
明天
你将是早熟的谷穗，
碧绿的草地，红润的肌体，
还有：爱又不能
不能、不能
相信的理智、疯狂
和苦痛！

夜幕降临；
灯泡里的细丝
在变红；
然后闪烁，
发光
比火柴略强。
天晓得我的眼镜
哪里去了……在书籍、
杂志和纸堆中，
谁找得到？……在这里。
新的书籍。

我翻开乌纳穆诺的一部著作。
啊，这因为诞生或复活
而躁动的西班牙
所钟爱
所偏爱的作家！

啊，萨拉曼卡大学校长！

我这个乡村中学

卑微的教师

永远是你忠实的追随者。

你称自己的哲学

为艺术爱好

变化无常而又荒诞，

它属于我，伟大的米格尔先生[1]。

美好的泉水，

永远鲜活，

流动；

诗歌，在于热情。

建设性？

——没有基础

无论在水还是在风。

划桨，

远航

向着无边无岸的海洋。

1　指乌纳穆诺。

亨利·柏格森[1]：

《论知觉的直接资料》。

这是另一个法国人的哄骗？

柏格森狡猾；

对吧，乌纳穆诺大师？

柏格森不像

那个伊曼纽尔[2]，

不朽的杂技演员；

这个着了魔的犹太人

在他的脚手架中

发现了自由意志。

这不错：

每个智者，都有自己的问题，

每个狂人，都有自己的主意。

重要的是

1　亨利·柏格森（Henri Bergson，1859—1941），20世纪初法国著名哲学家。首倡“演进”哲学而摈弃“静止”的哲学理论。著有《时间与自由意志：论知觉的直接资料》。

2　伊曼纽尔·本·所罗门（约1260—1328），又称马诺埃罗·朱迪欧。希伯来诗人，大部分时间居住在罗马，一般认为他是用希伯来文写世俗诗的创始人。

在多灾多难而又短暂的生命中，
我们是自由地度过
还是沦为奴隶；
但是，倘若我们
要去海洋，
前景便会一样。

啊，这些村庄！
很快会
对所罗门[1]的呵欠
做出阅读、界定和考量。
一切都如
传道书所述：
是孤独中的孤独，
虚无中的虚无？
我的雨伞，我的礼帽，

1 所罗门（Solomon），古代以色列国王，以智慧著称，因而又指智者和大学问家。

我的外套……雨
小了……那么，我们走吧。

已是夜晚。在药店的内院
有人在交谈：
“堂·何塞，
我不明白，
自由主义者是怎么回事
这般禽兽不如，这般道德败坏。”
“啊，请您安心！
狂欢节过后
保守主义者就会到来，
他们会
管好自己的家庭。
一切都会来，一切都会去，
没有什么永恒；
政府也不会久远，
没有延续百年的麻烦。”
“在这些时间过后，将会有

另一些时间，一些，又一些，
别人也和我们一样，
也会烦恼不堪。
这就是生活啊，堂·胡安。”
“的确，生活就是这样。”
“大麦在生长。”
“靠这雨水的滋养……”
还有蚕豆
那是精致的物种。
“的确；三月开花，
但有霜，有冰冻……”
“另外，橄榄林
在向苍天祈求
大雨倾盆。”
“滂沱大雨。
农夫们忍受着
辛劳和汗水！
在过去的岁月里……”
——下雨

也只是当老天愿意。
——先生们，明天见。

滴答，滴答……一天已过
如同往日，
这是时钟
单调的诉说。

在我的桌上
放着《论知觉的直接资料》。
从本质上说
我也不错，
有时，任性而又随意，
原创而又新奇；
这个我，生活并感觉自己
禁锢在一具难免一死的躯体，
唉！急不可耐地
要跳出这囚禁的藩篱。

三十三 1913年11月

又是一年。播种者
将种子撒进田垄。
两头牛在耕种
乌云
笼罩着田野，
已播种的褐色土地，
灰色的橄榄林。在谷地深处，
那条混浊的河水在流淌。
卡索拉山披着银装，
马希纳，雨骤风狂；
阿斯奈丁，戴着头盔，向着格拉纳达，
阳光普照的山冈，太阳和岩石的山冈。

巴埃萨，1918年

三十四 祷文

谁借我一架梯子
让我爬上那木十字架，

为耶稣基督，
将所有的钉子拔下。
——民间祷文

啊，祷文，
吉普赛人献给基督的歌谣，
手上总是沾着鲜血，
总是为了将钉子拔掉！
安达卢西亚人民的歌唱，
每个春天
他们都在到处借梯子
为了爬上十字架！
我故乡的歌唱，
向挣扎的耶稣
献上鲜花，
这是我长辈们的信仰！
啊，你不是我的歌谣！
我不会，也不想
为木头上的耶稣，而要

为另一位海上的耶稣歌唱！

三十五　昙花一现的过去

这乡村赌场的汉子
看见“猫头鹰”迎来新的一天，
白发苍苍，面色消沉，
愁闷难合的双眼；
灰色的八字胡，讨厌的嘴唇，
神情悲伤又不悲伤，
差不多：世界的空虚
占据了空洞的脑腔。
他还在炫耀
名贵的天鹅绒外套
和紧口的长裤，
琥珀色的礼帽，制作精良。
他三次继承财产；三次输光；
两次成亲，两次死了妻房。
只有在违禁的赌博前
倚在绿色台布的小桌旁，

或者是斗牛士将傍晚回想，
或者赌徒讲述好运，
或者听人讲述绿林好汉的功业，
或者听杀手讲述血淋淋的辉煌，
只有这样的时候，他才斗志昂扬。
对平庸的政治不屑一顾，
对反动政府信口责骂，
预言自由派将要到来，
就像迁徙的白鹳总要回到钟楼一样。
他不怎么干活，靠天
又畏天；有时想起他的橄榄
便唉声叹气，用不安的双眼
望着天空，害怕干旱。
其余，就剩多疑，寡言，
现世“阿卡迪亚”[1]的俘虏，
心烦；只有烟草的迷雾
能将前额上的阴影遮掩。

1 “阿卡迪亚”(Arcadia）指洛佩·德·维加（1562—1635）的同名田园牧歌体小说。

此人不属于昨天也不属于明天，
而是从不该有；在西班牙谱系中
他不是成熟的也不是腐烂的果实，
他是个徒有其表的果实
属于那个已经过去的西班牙
而不是
今日这个已是满头白发的国家。

四十　箴言与歌谣（选二十八则）

1

我从不追求光荣
也没有将自己的歌
留在人们的记忆中；
我热爱细微的世界，
它们美妙却没有重量
像肥皂泡一样。
我愿它们自我描绘
成太阳并呈红色，

在蔚蓝的天空下飘荡，
突然颤抖并化作渺茫。

5

采摘未成熟的果实
毫无意义……
蠢货对你的赞誉
也毫无道理。

6

人们所谓的美德、
善良和正义，
一半是妒忌，
另一半也不怀好意。

8

你不必浪费时间
问已经知道的东西……
可那些没有答案的问题，

又有谁能回答你?

11

好心人伸手总是将我们的荣誉夺走;

但格斗者伸手从来不是侮辱。

美德是堡垒，善良是勇敢;

盾牌、利剑和权杖总在额头下面;

因为正直的品德拥有各种武器:

不仅会抵挡伤害，会等候，更会出击。

丁字镐为了摧毁，皮鞭为了抽打;

锻炉使铁熔化，钢锉磨出光滑，

刻刀能雕镂，錾刀能凿孔，

剑能劈，锤能砸。

13

智者中的智者

懂得在一生里面

一切都在于权衡:

多一点，或少一点……

14

美德是一种快乐，能为最沉重的心灵

减压，能让加图[1]的眉头舒展。

好人就是那守在路边的人，

水，卖给口渴者；酒，卖给醉汉。

15

请和我一起歌唱：知识，我们一无所有，

我们来自一个神秘的海洋，前往一个未知的海洋……

在这两个奥秘之间是那个难解之谜；

一把陌生的钥匙，三个紧锁的箱。

智者什么也不教，光明什么也不照亮。

语言在说什么？还有水在岩石间的流淌？

21

昨天我梦见自己

看到了上帝并和他讲话；

梦见上帝在倾听……

1　加图，古罗马的政治家。

然后梦见那是在做梦。

22

男人和女人的事情：
昨日的情投意合
我几乎已经忘却了
是否曾经有过。

23

可爱的朋友们，对我
前额上的皱纹不要吃惊。
我与人们和睦相处，
却与我的内心进行战争。

24

十个脑袋中，
九个在攻击，一个在考虑。
愚蠢者绞尽脑汁，处心积虑
对此永远都不要感到惊奇。

26

让一个烧炭工，一个智者，
一个诗人，置身于田间。
你们将看到智者怎样观察、思考，
诗人如何赞叹又沉默无言……
或许，烧炭工在寻找
黑莓和蘑菇。
然后带他们到剧院，
只有烧炭工不打呵欠。
谁热爱鲜活而不爱画出的死物
谁便会思考、憧憬或歌唱。
烧炭工的头脑里
充满了梦想。

27

我们的用途
用在何处？
让我们回到真实吧：
虚无中的虚无。

29

行人啊，你的足迹

就是路，如此而已；

地上本无路，

路是人走出。

路因走而成，

回头望

便会看到一条

不会再有人走的小径。

行人啊，地上本无路

人在地上走像船在海上行。

30

“有希望的人才会失望”，

这是大众的话语。

却是多么正确的真理！

真理就是真理，

不会改变

尽管人们想的与它相反。

33

我梦见上帝像一座锻炉，

炉火将铁软化，

像一位铸剑者，

像一位钢铁的打磨者

在光的页面上签署：

自由——王国。

35

有两种觉悟的方式：

一种是启迪，另一种是耐心。

一种在于微微照亮

深深的海洋；

另一种在于修行

用渔竿或渔网等候

像渔夫那样。

请告诉我：哪个更好？

是幻想者
看着深深的鱼缸里
活生生的鱼，
在逃跑
却不能捕捞，
还是干这可恶的勾当——
将大海里的死鱼
抛在沙滩上？

41

知道杯子用来饮水
这很不错；
糟糕的是我们不晓得
干渴是为了什么。

45

死亡……像一滴水
落在茫茫大海中？
或是我从未有过的经历：

一个人，无影无梦，
一个孤独者前行
没有道路也没有明镜？

46

昨天我在梦中
听到上帝叫我：警惕！
然后上帝进入梦中，
而我喊道：清醒！

47

人有四件东西
在海上派不上用场：
锚，舵，桨，
还有对海难的恐慌。

48

看着我的骷髅
新哈姆雷特会惊叹：

这里有个美丽的化石
来自狂欢节的假面。

50

——我们的西班牙人在打哈欠。
是饿了？困了？还是厌烦？
大夫，他的胃里是不是空无一物？
——空无一物的不是他的胃，而是他的头颅。

51

灵魂之光，神圣之光，
太阳，路灯，火炬，星星……
一个人摸索着前行；
用剑挑着灯笼。

52

两个青年在商议
要到当地的节日去
他们该从大路走

还是穿过庄稼地。
说着说着变吵架
两人开始动手打。
各执松木棒
愤怒打对方；
互相揪胡子，
恨不得全拔光。
一个车夫经过，
边走边歌唱：
“朝圣者，去罗马，
条条大路
都走得
只有走才能到达。”

53

一个西班牙已经死了
另一个在打哈欠，在二者中间
有一个西班牙人愿意活着
并开始生活。

小小的西班牙人
来到这个世界，上帝保佑你。
两个西班牙中的一个
会将你的心冻结。

1909 年

四十一 寓言（选四则）

1

当年有个孩子
梦见一匹纸马。
当他睁开了眼睛
却不见小马的踪影。
又有一匹小白马
出现在孩子的梦中；
现在你逃不了了！
他抓住了马鬃……
刚要将它抓住，
孩子已经清醒。

他握紧拳头。
小马飞上了天空！
孩子非常严肃
想到这并非事实，
小马是在梦中。
　　他没有再做梦。
但他已长成青年
有了一次爱情，
他对恋人说道：
你是假意还是真情？
当青年变成了老年
他想：一切都是梦，
马是真的，
马又在梦中。
当死神来临，
老人问自己的心灵：
你可是一场梦？有谁知
他是否曾经清醒！

3

曾经有一个水手
在海边造了一个花园，
自己做了园丁。
当花园里百花盛开，
园丁却走了，
穿过上帝的大海。

6

我们大家带着的上帝，
我们大家缔造的上帝，
我们大家寻觅的上帝，
永不能相遇。
三个神或三个人
都属于唯一真正的上帝。

7

理智说：让我们
寻找真理。

心灵说：空虚。

我们已拥有真理。

理智说：哎呀，

谁找得到真理！

心灵说：空虚。

希望就是真理。

理智说：你撒谎。

心灵回答：

理智啊，撒谎的是你，

你说的是感觉不到的东西。

理智说：心灵，

我们永远无法沟通。

心灵说：让我们看看能或不能。

四十二 我的小丑

我梦中的魔鬼绽开笑颜

用细小的利齿，

红色的双唇，

黑色、生动的双眼。

调皮、快活
而又滑稽地舞蹈，
炫耀他畸形的身躯
和凸出的驼背。
身材短小，大腹便便
胡须满面，丑陋不堪。
小丑，我不知你有何理由，
取笑我的悲惨……自己
却由于那无缘无故的舞动
而生气盎然。

Ⅲ

新歌集
（1917—1930）

四 长廊

1

蓝蓝的天空，
一群黑色的鸟儿
尖叫着，扑扇着翅膀，
落在挺拔的杨树上。

……悄无声息的寒鸦
落在光秃秃的杨树，
犹如二月的五线谱，
一串黑色冰冷的音符。

2

青山，河流，细高的白杨
笔直、棕色的枝条，
白色的杏花开遍山冈。
花上的白雪和树上的蝴蝶啊!
带着柔情细语的芬芳，风儿
在田野愉悦的孤寂中飞翔。

3

一道白色的闪电，

蛇一般划破铅色的云层。

母亲紧皱的双眉

男孩惊恐的眼睛——

在黑暗的大厅！……

啊，阳台向暴风雨关闭！

狂风怒吼，冰雹

猛击着洁净的玻璃。

4

彩虹和阳台。

　　　　　太阳的七根弦

在梦中颤动。

童年的定音鼓敲了七下

——水和玻璃。

　　　　　金合欢和朱顶雀。

白鹳在塔楼的楼顶。

广场上，
雨水冲刷着布满灰尘的爱神木。
天啊！是谁将这赏心悦目的纯贞的群体
置于这长方形的宽阔领域，
周围是裂开的云层、平静的蓝色
和金色的棕榈？

5

在赭石色的山和灰色的悬崖间，
火车在吞噬着钢轨。
一排闪亮的车窗
双重的人影，宛若宝石上的雕像
在银色的玻璃后，此来彼往……
是谁将时间的心刺伤？

6

是谁在灰色岩石间
为了梦想的蜜糖，
放上了这些黄色的金雀花，

和蓝色的迷迭香？
又是谁将紫色的山峦
和藏红花色的天空，描绘在西方？
寺庙，蜂场，
悬崖断壁在河旁，
水在峡谷不停地流淌，
新的田野上的嫩绿和金黄，
谁安排了这一切，包括那些杏树下
白色和玫瑰色的土壤！

7

毕达哥拉斯[1]的琴弦
依然在沉默中颤动，
阳光下的彩虹，阳光
充满我虚幻的立体视镜。
赫拉克勒斯[2]火焰的灰烬
迷住我的眼睛。

1　毕达哥拉斯，古希腊数学家、哲学家。

2　赫拉克勒斯是希腊神话中的大英雄。他投火自尽。

一时间，世界生了翅膀，
空虚，盲目，透明。

五 月亮、影子和小丑

1

室外，月亮将银光
洒在苍穹、塔楼和屋顶；
室内，我的影子
在刷白了的墙壁上移动。
在这样的月光下，
连影子都会变得老态龙钟。

让我们省去
这令人厌烦的小夜曲，
不安分的晚年
和弯刀似的月亮。
卢希拉，将你的阳台关上。

2

在我卧室的墙上，

画着驼背与肚囊。

小丑在歌唱：

真棒！

藏红花的胡须，

硬纸板的脸庞！

卢希拉，把阳台关上。

六 高地之歌

1

沿着白色山岭……

细小的雪花

迎面的风。

松树丛中……

白色的雪

隐没了路径。

劲风从乌尔维翁
吹到蒙卡约山。
啊，索里亚的荒原！

2

在蒙卡约和乌尔维翁之间，
阳光下，会有白鹳
观赏红色的傍晚。

3

那扇装有合页的门
在我心中打开。
我的故事的长廊，
重又焕发光彩。

再次回到金合欢
盛开的园地，
清泉再一次讲述
爱情浪漫的话语。

4

棕褐色的橡树
和石头的荒原。
太阳在山后失踪，
河流苏醒。

远方的山峦啊，
紫里透红！
在阴暗的空气中，
只闻河水声。

昔日的傍晚
在寒冷的田野里，
青紫色的月光，
笼罩了大地！

5

索里亚的青山
和淡紫色的荒原，
多少次我梦见

这百花盛开的谷地，
瓜达基维尔河
穿过金色的桔树林，
向大海流去！

6

啊！灰色的土地，
你多少次用橡树的阴影，
将绿色的柠檬林
从我眼前抹去！

啊，上帝的田原，
在卡斯蒂利亚的乌尔维翁
和阿拉贡的蒙卡约之间！

7

在科尔多瓦，山峦；
在塞维利亚，海员
与农夫，鼓起的风帆，
向着海洋；
广袤的平原上，
泥沙在这里吸吮
苦涩海水的波浪，
我的心，重回杜埃罗河之源，
纯洁的索里亚啊！……
你是大地和月光之间
那一道分界线！

高高的荒原！
初生的杜埃罗河在那里流淌，
那里的土地是它的故乡！

8

河流苏醒。

在黑暗的空气中，
只有它的响声。

啊，岩石上的水
那苦涩歌谣！……传到
高高的埃斯皮诺山上。

在埃斯皮诺山下方
山谷深处，
只有河水的声响。

9

旷野上，
没有山僧的寺庙
开着窗。

一片绿瓦。
四堵白墙。

粗犷的瓜达拉马山
岩石在远处闪耀光芒。
水在闪亮却无声响。
在明亮的空气中，
小小杨树林，叶子已落尽，
三月的七弦琴！

10

黑夜彩虹

致堂拉蒙·德·巴列－因克兰[1]

黑夜里的一列火车
从瓜达拉马山驶向马德里。
水和月，在天空
酿成了彩虹。
啊，四月平和的月亮，
催促着白色的云层！

1 拉蒙·德·巴列－因克兰（1866—1936），西班牙“九八年一代”小说家、剧作家和诗人。

母亲带着孩子，
孩子已在裙子上入梦。

孩子虽在梦中，却仍能
看见沿途绿色的原野，
日光照耀的小树
和金黄的蝴蝶。

母亲，愁眉不展，
在昨天和明天之间。
看见爬满蜘蛛的炉灶
和快要熄灭的火炭。

有一个悲哀的游子，
可能是看到了稀奇的事情，
他自言自语，而看人时
用眼神将我们抹得无影无踪。

我想念着大雪覆盖的田野
和其他山上的松林。

而你，上帝啊，我们
都想见你，而你看得见心灵，
请告诉大家，是否有一天，
我们都能看见你的面孔。

九 谚语与歌谣（选九十九则）

致何塞·奥尔特加·伊·加塞特[1]

1

你看见的眼睛
不是眼睛，因为是你见到了它；
是眼睛，因为它见到了你。

1 何塞·奥尔特加·伊·加塞特（1883—1955），西班牙著名文学理论家。

2

为了沟通，
首先是问，
然后……是听。

3

自恋
是丑恶的陋习，
可它已上了年纪。

4

要是在镜子中将另一个人寻觅，
那个人会和你形影不离。

5

在生活与梦想之间
还有第三种东西。
请猜猜看。

6

你的那个那喀索斯[1]

在镜中看不见自己，

因为他自己就是镜子。

7

新世纪？同一个锻炉

是否依然火光熊熊？

同样的河水是否

还在同一个河床里流动？

8

今天永远是今天。

9

“白羊宫”里的太阳，

我的窗开向寒冷的空中。

1 那喀索斯，希腊神话中的美少年，他爱恋自己在水中的倒影，最后憔悴而死，死后化作水仙。

啊，远处的水声！——
傍晚将河流唤醒。

10

古老的村落，
嘈杂的人声沉默——
白鹳落在宽大的塔楼！
在寂静的田野，
水在巨石间奔流。

11

像那次一样，我关注，
被囚禁的水；
但它是在我心灵
生气勃勃的岩石中。

12

当流水哗哗作响，
你可知道它是来自山峰或峡谷，

花园、果园还是广场？

13

我遇到了并未寻找的东西：
蜜蜂的花叶子
散发熟柠檬的香气。

14

从来无须划定你的领地
也不用关注你的轮廓；
这些都是外在的东西。

15

寻觅你的另一半，
他总是与你同行，
却又常常是你的对立面。

16

倘若春天到来，

请飞向繁花；
不要吮吸蜂蜡。

17

孤独时，
我看到的事情很清晰，
但不真实。

18

水好，渴也好；
像阴影和阳光；
像迷迭香的蜜，
和无花田野的蜜一样。

19

路边有一眼石泉
和一个小罐
——咕噜噜，咕噜噜，
谁也不拿走。

20

请将这谜语猜破：

泉、小罐和水想说什么？

21

……可是我见过

有人连泥坑的水都喝。

渴急了什么事都做……

22

只留一个符号：

“煮熟了不要再烤”[1]。

23

蟋蟀在笼子里，

在西红柿旁，

都会歌唱，歌唱，歌唱。

1 原诗中还有一句拉丁文：quod elixum est ne asato ，即“煮熟了不要再烤”的意思。

24

慢工出细活：

做好

比做重要。

25

不过……

“啊，不过

加速摆动腿很重要。”

蜗牛对猎兔犬说道。

26

已经有了积极的人们！

水塘在梦中

梦见了自己的蚊虫。

27

又一个潘多尔福说：

啊，空空的骷髅！

你以为自己
能将一切包容！

28
歌手们，请将掌声
与喝彩，让给别人。

29
醒来吧，歌手们：
别在意反响，
开始歌唱。

30
但是不要寻找不和谐；
因为归根结底，没有不和谐的东西：
人们总能跳舞，无论演奏什么样的旋律。

31
徒有其名的斗士，

昨日无限尊贵
明朝何等卑微。

32

好斗者，拳击手，
与风去打吧。

33

不过……
啊，　不过，
还有一尊神像
在等候拳头供养。

34

“要么更新要么死亡”[1]……
我觉得不恰当。
“航行不可或缺”……
不如说：活着为了观赏！

1　本诗的第一行和第三行是拉丁文。

35

一个新的“零”已经成熟
它将有自己崇拜的偶像：
行动的实体多么空虚
像理性的实体一样。

36

诗人追求的东西，
不是基本的“我”，
是本质的“你”。

37

一位博士说：
“古老得像世界一样，
因熟悉而被遗忘，
像拉姆西斯[1]的木乃伊一样被埋葬。”

1　拉姆西斯，古埃及国王。

38

然而博士并不懂
今日也是永恒。

39

请在镜中寻找你的同伴，
但既不是为了染发
也不是为了刮脸。

40

要好好了解
你渴望的眼睛，
看得见你自己的眼睛
才是眼睛。

41

——古语这么说。
——那就竖起耳朵。

42

基督教导说：
爱别人要像爱自身，
但永远别忘了那是别人。

43

他还说过另一条真理：
寻觅那从不曾属于你
也永不会成为你的你。

44

诗人们，不要轻视话语，
世界沉默而又嘈杂，
只有上帝在说话。

45

一切都为了他人？
小伙子，装满你的水罐
会有人将它喝干。

46

由于缺乏想象
而肆意撒谎：
捏造真理就是这样。

47

剧作家们，每场戏
都遵循一条规律：
原则上是面具。

48

在坏人中，那个忘记了
自己魔鬼天性的家伙是最坏的。

49

你说了一半的实情？
倘若你再说出另一半
人家就会说你说了两个谎言。

50

朋友，我歌中的“你”
指的并不是“你”，
而是我自己。

51

要给时间以时间：
为了水能够溢出
先要将杯子斟满。

52

我心灵的时刻：
是希望的时刻
也是失望的时刻。

53

在生存与梦想之后，
最重要的事情——
是清醒。

54

歌唱时，声音在颤抖。
人们嘘的不是他的歌声，
而是他的心灵。

55

“我思故我在”[1]：
有人这样想，
实在太夸张！

56

吉卜赛人的对话：
“老兄，怎么样？”
“在捷径上晃荡。”

57

有些绝望的人
只会用绳子治愈绝望；

1 这是法国哲学家、数学家、物理学家笛卡儿（1596—1650）的名言。

另一些人，则用这句话：
信仰已变成时尚。

58

我以为炉火已熄灭，
便去翻动灰烬……
结果烫伤了手。

59

他笑得前仰后合！
如此严肃的人！
……谁会这么说。

60

分工合作：
坏人搭箭，
好人射。

61

像圣·托伯[1]，

染自己的白发，

理由颇多。

62

为了让风有更多工作，

用双倍的线

将树上干枯的叶片缝合。

63

他感到

在思想的十字路口

有八面来风。

64

你可认识

1　又名桑托斯·卡利翁，十四世纪希伯来－西班牙语作家，以“道德格言”闻名。

梦的无形的编织者？
有两个：绿色的希望
和可怕的恐慌。

他们打赌
看谁能又快又好地纺线：
一个用金色棉团；
一个用黑色棉团。

编织时，我们只能
用人家给的线。

65

毕达哥拉斯说：
将锦葵播种，
但不可食用。

佛祖和基督也说过这样的话：
要像檀香木，用芬芳

作为对斧劈的报偿。

要记住
这些老话
还会变得响亮。

66

你们要记清：
孤独的心灵
不是心灵。

67

蜜蜂，歌手，
不是追求蜜，而是追求花朵。

68

每个蠢货
都混淆价值与价格。

69

见他走在梦里……

好猎手

总是埋伏着自己。

70

他捕获了坏的自己，

此人在伤心的日子里

总是垂头丧气。

71

把双重的启示赋予你的诗句，

正着读可以，

斜着读也可以。

72

倘若你的诗很流行

也没关系：

黄金也会做成货币。

73

在《用餐艺术》中，

第一课是：

勺和叉不能并用。

74

我劝圣赫罗尼莫先生

别搬起石头

砸自己的脚；结果

他用石头砸了我的脚。

75

吉卜赛人的对话：

“从中心

开始走，

就休想绕一周。”

76

语言把声调赋予你，

不能高也不能低，
只能与它结为伴侣。

77

柯尼斯堡的达达兰[1]！
拳头打在脸
知识便学全。

78

在烤钵里提炼黄金，
在钱币而不是在宝石上
雕刻弓和竖琴。

79

在卡斯蒂利亚的谣曲里，
不要寻找纯正的雅趣；
诗人啊，姑娘们的歌
胜过古老的谣曲。

1 达达兰，法国小说家都德（1840—1897）小说中的人物。

你无法去掉的东西——
韵调，就让它留在那里，
她们边歌唱边叙述的昨天
依然在继续。

80

一个纯而又纯的概念
往往是一个空壳；
也可能是一口烧红的锅。

81

母亲啊，
活着好，
做梦更好，
清醒，比什么都好。

82

唤醒你的不是太阳，
而是钟声，

那是清晨最美好的事情。

83

忧伤的赫斯佩利亚[1]，
欧洲的西海角
在它疲惫的尾巴上
有一座古城，
像顶针一样小，
幸灾乐祸的老头儿，
边抽烟，边思考，
不禁哈哈笑：
高大的塔楼轰然倒；
在一个垃圾堆，
威廉大帝的王冠丢，
尼古拉沙皇的脑袋掉！
你说可笑不可笑！

1　古希腊人和罗马人对意大利和西班牙的称呼。

84

在无花果中，就软；

在岩石中，就硬。

这可不行！

85

你的真理？不，普遍的真理，

和我去寻觅。

保存好你的真理，为自己。

86

当我孤独时，

朋友们在身边；

和他们相聚时，

多么遥远！

87

啊，瓜达基维尔河！

我见你生在加索拉；

今天，亡在圣卢卡。

在绿色的松树下，
清澈的浪花翻腾，
这就是你：声音多么动听！

含盐的泥土之河啊，
和我一样，在海边，
是否会梦见你的源泉？

88

巴洛克的思想
描绘火的刨花
使装饰膨胀并复杂。

89

然而……
　　　　啊，然而
在戏剧的火灾中

总有真的火炭。

90

罗勒、熏衣草和鼠尾草
都已对自己的味道
感到害臊？

91

“爬杆”对树木坦言：
总是上面，上面……
革新？从上面。

92

树木说：“固定在
地上的立柱，小心斧头：
对你只有坎倒，没有剪修。

93

究竟哪个是真的：

河流上的船夫和船
也是浪花？还是海员
总梦见的锚和海岸？

94

我作为老人，听我一句劝：
千万别照我说的办。

95

然而，劝告
要是坦诚，
不重视也不行。

96

你感到有心的汁液了吗？
小心啊，小树苗，
别让任何人知道。

97

小心点，
别让作爬杆的柱子
知道你有绿色的叶片。

98

——诗人，你的预言。
——明天，哑巴将出声：
石头和心灵。

99

——但艺术？……
　　　　　　——是纯粹的游戏，
就像纯粹的生活，
纯粹的火焰。
你们将看见燃烧的火炭。

十 附录：眼睛

献给伊比利亚巨人米格尔·德·乌纳穆诺，

他使当今的西班牙在世界上变得高大

眼睛

1

爱人死去时
他认为自己变老了
独自一人，在封闭的房间里，
和记忆以及她在明亮的日子
经常照的那面镜子在一起。
如同守财奴宝匣里的黄金
他想把整个的昨天
珍藏在那清晰的镜子里面。
对他来说，时间已停滞不前。

2

但是，过了一周年之后，
她的眼睛是怎样的？褐色
还是黑色？绿色……还是灰色？

是怎样的？上帝啊，我已记不得？……

3

春季的一天，他到街上
漫步，默不作声，
带着双倍的悲痛，封闭的心灵……
在一个昏暗的窗口，看见
一双眼睛在闪亮。他低下自己的眼睛，
继续前行……怎么样了，那双眼睛！

十一 旅行

——姑娘，我要去海洋。
——如果你不带我去，船长，
我会将你忘。

在他的甲板上，
船长入梦乡；
梦中遇见了她：

如果你不带我去，船长！……

当他从海上归来
带来一只绿色鹦鹉。
“我会将你忘！”

他带着绿色的鹦鹉，
又一次穿过海洋。
船长啊，她已将你忘！

十二 点评龙萨及其他诗韵（选五则）

一位诗人将自己的肖像寄给一位美丽的贵妇人，因为后者曾将肖像寄给他。

1 我的梦

行人是道路的总和，
在花园，在平静的海边，
山野的芳香与他为伴，
干草的热情笼罩秀丽的农田。

行程漫长的游子
将严格的制动放在胸间，
为了让灵魂使那钻石般的诗句
成熟在自己深深的心田。

这是我的梦。时间杀手
将我们引向死亡或徒劳地流淌，
这不过是脑海里一个梦想。

我看见一个人在赤裸的手中，
向世界展示生命的火炭，
没有灰烬的赫拉克勒斯的烈焰。

2 致雕塑家埃米亚诺·巴拉尔

……你的錾子将我雕刻在
一块玫瑰色的岩石上，
带着一缕永远迷人
寒冷的曙光。
那苦涩的忧伤

来自梦中的伟大，
这是西班牙的品格

——懒惰烹制的幻象，
从那朵玫瑰中产生，
那是我的明镜，
一面面，一行行，
我的口缺乏渴望，
我的眼在弯弯的眉下，
注视着远方，
那是我想要的眼睛
就像你雕塑的那样：
为了什么也不再看，
刻在坚硬的岩石上。

3 孤独致一位大师

a

弗朗西斯科·A. 伊卡萨[1]

---

1 弗朗西斯科·A. 伊卡萨（1865—1925），墨西哥诗人。

你教授的不是能量，
而是忧伤。

b

你古老的种族
赋予你的话语简短
却有深刻的内涵。

c

像橄榄树一样
结很多的果实
遮很少的阴凉。

d

你清晰的诗句
让人深思并歌唱
既不皱眉也不叫嚷。

e

完美的节奏
——就像河岸旁
成双的山杨。

f

他的歌唱
带着滞流的水，
好像很安详。

其实并非这样；
不过也不急于
流向海洋。

g

他的歌唱
具有古老爱情的
芦荟和芳香。

甜蜜水果的成熟
全靠
印第安的太阳。

e

弗朗西斯科·A. 伊卡萨，
属于旧西班牙，
也属于新西班牙[1]，

你的里拉琴
和你总督的侧面像
在一百雷亚尔的金币上。

4 对话中的梦

a

在高原上，你的形象

1 在征服和殖民时期，墨西哥被称作新西班牙。

与我多么相似！……我的话语
唤起贫瘠的平原和绿色的草地，
灰色的岩石，开花的荆杞。

在听话的记忆里，黑色圣栎树
萌芽在小丘上，山杨降临到河旁；
牧人慢慢地走上了山冈；
我的阳台，在城市里闪光。

那是我们的阳台。你可看见？
面向阿拉贡，很远，白色
和玫瑰的蒙卡约山……
你看那片火烧云在点燃，

爱妻啊，还有那颗星，嵌在蓝天。
在杜埃罗河的后面，桑塔纳山峦
变成了紫色，在这寂静的傍晚。

b

请告诉我，我的心
为何从岸边逃向那高原，
在这沿海耕耘的土地上
我为何渴望卡斯蒂利亚的荒滩？

无人选择它的爱恋。一天，
我的命运将我带到这灰色的荒原，
在那里，当寒冷的雪花飘落
会将死去的圣栎树的影子驱赶。

今天，从西班牙那块充满石砾的高原，
我给你带来一枝粗犷的迷迭香，
它开在瓜达基维尔河畔。

我的心就在河边，在它的出生之地，
它的出生不是为了生命，而是为了爱情……
那里有挺拔的柏树和洁白的墙壁！

c

夫人啊，暴雨的乌云开裂，
色彩绚丽的朝霞
在远方灰色山丘的岩石上，
描绘了黎明的曙光。

凝结在寒冷岩石上的曙光，
使行路人惊讶并恐慌，
胜过光天化日之下凶猛的狮子
或巨大的熊，在山口守望。

满怀在希望与恐惧的梦想
燃起的爱的烈火
我奔向忘却，奔向海洋

——已不似那岩石奔向夜晚，
当暗下来的星球在旋转——
我已无法归来，请不要将我呼唤。

d

孤独啊，我唯一的伙伴，
不同寻常者的缪斯啊，
你给了我不曾要求的语言！
请回答我：我在与谁交谈？

不甘寂寞而又戴着面具的缺席者，
我没有朋友，在将自己的痛苦排遣，
和你在一起，遮面的女主人啊，
当你和我在一起，总是遮住你的脸。

今天，我想：不管我是怎样的人；
这张在亲密的镜子上
感到欢愉的脸已不再是我的难解之谜，

而是你爱的声音的神秘。
请让我看见你的面孔，让我在自己眼中
看见你坚定的宝石般的眼睛。

5 我的文件夹

a

不是坚硬、永恒的大理石，
也不是绘画和音乐，
而是刻在时间上的话语。

b

诗歌是歌唱和叙述。
歌唱生动的故事，
叙述它的韵调。

c

灵魂创造自己的岸；
春天的树林，
灰烬和铅的山。

d

只要不是从河中
涌现的圣像，

都是廉价的赝品。

e

贫困的韵脚
偏爱模糊的半谐音。
当诗歌没有任何内容
或许韵脚也在罢工。

自由的诗句，自由的诗句……
当诗句将你变为奴隶，
你最好解放自己。

f

语言贫困的韵脚，
有时也仪态万千。
形容词和名词
是洁净、停滞的水湾，
是抒情的语法中
动词形态的转变，

它属于将是明天的今天，
又属于依然存在的昨天。

1924 年

十三 十四行诗

1

上百条路在我的心中交错，
形形色色的旅行者，
既无约会也不留宿，
像嘈杂站台上的匆匆过客。

我的心路通向四面八方，
分布在一马平川
或峥嵘岩石的上百条小路上，
碰巧了，还会在百舸扬帆的海洋。

今天，当一群乌鸦寻觅自己

黑色的悬岩，扯着嘶哑的喉咙叫嚷，
蜂群正返回自己的蜂房，

我的心重新开始自己的劳作
伴着鲜花盛开的田野上的花蜜
和令人郁闷的傍晚的哀伤。

2

朝圣者，你将看到梦中
孔波斯特拉之路[1]有多么神奇的景观
——啊，淡紫与蜜黄色的山！——
平原上，在屏障般的山杨林之间。

岩石和阳光的魁梧的卫士，
秋天用两条河为他的围栏镀上了黄金，
像防御塔楼一般的奇迹
在纯净无瑕的蓝天上耸立。

1　据传圣徒雅各（即西班牙语中的圣地亚哥）的遗体葬于此，因而那里就成了朝圣者云集的地方，有南北两条路线，称作“圣地亚哥之路”。

你将在平原上看见敏捷的狗群，
还有一位狩猎的先生
一个古老种族虚幻的幽灵，

在远方的山冈上驰骋。
你应进去，当凄凉的广场上，
寒冷的傍晚将临，一个阳台在闪光。

3

多少次啊！我可曾玷污你的记忆？
生命降临，宛如一条宽阔的河流，
而当它将高大的航船引向海洋
会带走混浊的污秽和绿色的泥浆。

更有甚者，当暴风雨袭击河岸，
它将所有的战利品席卷，
当天上有灰色的云团
它当会点燃黄色的闪电。

然而尽管它流向未知的海洋，
生命有时也会像泉水一样
一滴一滴，平和明亮，

或像激流不可一世地喧嚷，
在蓝天下，喷涌在岩石上。
你的名字，永远，在那里回响！

4

这塞维利亚之光，我出生的殿堂，
那里有泉水作响。
父亲，在他的书房。
——胡须少而下垂，头却高昂。

父亲，还年轻。阅读，写作，
浏览图书和思考。站起身来；
向花园的门走去。在那里徜徉。
有时自言自语，有时歌唱。

他那双大眼睛不安地端详，
如今似乎在游荡，空虚中
已没有目标可以观望。

它们已经从昨天逃向明天；
父亲啊，他那双慈悲的双眼
在时间里，将我的白发观看。

5

胆怯的爱，将可怜的爱逃避，
没有危险，也没有蒙蔽和奇遇，
等候爱的可靠的信物，
因为在爱情中，明智等于痴迷。

那个避开盲目孩子胸部的人
曾诅咒生命之火
诅咒那思考的而未被点燃的火，
要的是那火为他保存的灰烬。
他将找到灰烬，但并非从它的火焰，

当它发现那愚蠢的胡思乱想，
想让不开花的果实，挂在枝头上。

他将用黑色的钥匙
打开时间寒冷的卧室之门。
凄凉的床，混浊的镜，空虚的心！

图书在版编目（CIP）数据

卡斯蒂利亚的田野 ：马查多诗选 /（西）安东尼奥·马查多（Antonio Machado）著 ；赵振江译. -- 北京 ：外语教学与研究出版社，2017.12
ISBN 978-7-5135-9717-3

Ⅰ. ①卡… Ⅱ. ①安… ②赵… Ⅲ. ①诗集－西班牙－现代 Ⅳ. ①I551.25

中国版本图书馆 CIP 数据核字（2017）第 323564 号

出 版 人　徐建忠
总 策 划　方雨辰
出版统筹　张　颖
策划编辑　曹雪峰
特约编辑　吴赛嶷
责任编辑　陈　宇
项目编辑　姜霁凇
封面设计　尚燕平
出版发行　外语教学与研究出版社
社　　址　北京市西三环北路 19 号（100089）
网　　址　http://www.fltrp.com
印　　刷　山东临沂新华印刷物流集团有限责任公司
开　　本　889×1194　1/32
印　　张　7
版　　次　2018 年 5 月第 1 版　2018 年 5 月第 1 次印刷
书　　号　ISBN 978-7-5135-9717-3
定　　价　49.80 元

购书咨询：（010）88819926　电子邮箱：club@fltrp.com
外研书店：https://waiyants.tmall.com
凡印刷、装订质量问题，请联系我社印制部
联系电话：（010）61207896　电子邮箱：zhijian@fltrp.com
凡侵权、盗版书籍线索，请联系我社法律事务部
举报电话：（010）88817519　电子邮箱：banquan@fltrp.com
法律顾问：立方律师事务所　刘旭东律师
　　　　　中咨律师事务所　殷　斌律师
物料号：297170001